文史哲學集成

江建俊著

漢末人倫鑒識之總理則

——劉卲人物志研究

文史哲出版社印行

漢末人倫鑒識之總理則：劉邵人物志研究 /
江建俊著. --初版 --臺北市：文史哲,
民 105.01 印刷
頁; 21 公分（文史哲學集成;85）
ISBN 978-957-547-291-7（平裝）

文史哲學集成 85

漢末人倫鑒識之總理則

—— 劉邵人物志研究

著者：江建俊
出版者：文史哲出版社
http:// www.lapen.com.tw
e-mail：lapen@ms74.hinet.net
登記證字號：行政院新聞局版臺業字五三三七號
發行人：彭正雄
發行所：文史哲出版社
印刷者：文史哲出版社
臺北市羅斯福路一段七十二巷四號
郵政劃撥帳號：一六一八〇一七五
電話886-2-23511028・傳真886-2-23965656

實價新臺幣二八〇元

一九八三年（民七十二）三月初版
二〇一六年（民一〇五）一月（BOD）初刷

ISBN 978-957-547-291-7 00085

序

夫知人取士，政之首務也。而人賦材之品異，觀采之法難，才難與歎，自古已然。識鑒之事，多見載籍，雖片言隻語，要亦足供省覽，資爲鑑戒，而求其系統之專著，則推劉卲人物志爲巨擘焉。是書辨析材性，檢鏡品流，且精究物情，深悉事理，誠一家之善志也。故武進臧玉林以劉卲人物志、劉勰文心雕龍與劉知幾史通並稱爲「三劉之書」，良有深意焉。而文心雕龍與史通二書，向爲研究文史者所艷稱，而人物志則自問世以還，西涼劉昞注而外，歷數百載，沉淪隱晦，惜哉！

至唐李德裕有「人物志論」一文，雖稱卲索隱精微，研幾元妙，實天下奇才，而於品評人物，則識爲不倫。其意以爲劉氏次管仲於法家而與商鞅並，是不究其成敗之術；以子產、西門豹俱爲器能，是不辨其精麤之迹；以節去就之分，明君臣之義，自得卷舒之道，深識存亡之機之樂毅，擬諸招權傾金，毀譽在口之曹丘生，舛誤殊甚。至若項羽坑秦卒以結怨關中，棄咸陽而眷懷舊土，竟許以明能合變，亦乖繆矣！李氏所作低昂深淺之言，雖非苛論，顧亦未嘗精熟卲書，未曉人材之源流，舍本而求末，非允當之論也。惟劉知幾稱人物志主於辨志，乃得其旨矣。

逮乎有宋，阮逸極稱此書，並爲刋行；迄明又迭有刋刻，乃漸行世，而用爲辨官論材之資焉。清李慈銘研味此書，稱十二篇雖各爲標目，而實一意相承，其旨主於別材器使，文筆峻厲廉悍等，要亦中肯之言也。

今詳觀此書，首尾相應，首「九徵」，以人之質量中和者最貴，末「釋爭」，以歸性情之純，此乃眞人品之所出焉。又劉卲特詳於論偏至之才，故於創大業之英雄人物，功大不終之法術者流，尤有恰當相應之理解，故所論莫不突出衆表；至其體析情流，道盡繆途，機機相承，叠叠解來，筆端巧運，令人無由置喙。其文象若日出陽谷，漸升扶枝，轉見明晰，就體徵心，象外得神，而學術之由質實轉爲空靈，可得其迹焉。建俊不敏，於讚歎之餘，不揣淺陋，以述此書。併繁理而撮其要，類衆說而明其統；用章沈墜，補綴絕學。而茲篇之成，雖得馮師承基、韋師日春之開導啓示，指瑕陳疵，然綆短汲深，智有不及，紕繆難免，尚賴博雅指正焉。

漢末人倫鑒識之總理則

目次

序

第一篇　緒　論

第二篇　本　論

第四章　劉卲知人與觀人之原理、方法

第一篇 緒論

漢末地方名流，每主持鄉閭評議，其中又以人物批評爲主，由名士一言之褒貶，聲望隨之起落，而聲望在選擧上足以起決定性之作用，所謂「隨所臧否，以爲與奪」（註一），而其中以知人著名者，如許劭、郭泰，喜覈論鄉黨人物（註二），其對於人物之評價，幾成定論。後漢書郭泰傳注引謝承書曰：

泰之所名，人品乃定。先言後驗，衆皆服之。

又御覽亦引謝承後漢書云：

（許）劭仕郡爲功曹，……所稱如龍之升，所貶如墜於淵（註三）。

許、郭既然擅於拔士，其必有一套標準與方法，故郭泰別傳言郭林宗「自著書一卷，論取士之本」，未行而遭亂。想當時此類著作必不少，惜多亡佚。劉卲人物志或卽爲綜合前人識鑒之事，而歸納爲考核人才之普遍原則也。是書釐析材質，照見疑似，分別流業，究明利害，實可做爲設官分職之所資，故論及此書價值，當以政治實用性爲大焉。

第一章　劉卲生平考略

劉卲事蹟，具晉陳壽（承祚）三國志魏書卷二十一本傳。按劉卲本傳，其失在略，即生卒年月，亦所不詳，惟時在千載之後，無可如何。但取所載各事，與相關紀、傳，參互考訂，俾其生平，略具眉目，以爲讀卲傳之助耳。

劉卲，字孔才。（卲，或作劭，亦有作邵者。）

案：宋庠曰：「據今官書魏志作勉劭之劭，從力，他本或從邑者，晉邑之名，然俱不協孔子才之意。」說文則爲：「卲，高也。」李舟切韻：「卲，美也。」高美皆與孔才義符。揚子法言稱：「周公之才之卲」；又法言修身篇：「公儀子、董仲舒之才之卲也」；重黎篇：「種蠡不彊諫而山棲，賢皆不足卲也。」皆卲與高美之義相應之證。楊愼集引宋庠之說，亦以卲爲是，劭、邵皆非。四庫提要卷一一七，子部雜家人物志提要亦從其說。

廣平邯鄲人。

案：魏文帝黃初二年（西元二二一年），以魏郡西部置廣平郡，領縣十五，治曲梁（今河北省永年縣），廣平（今河北省，鷄澤縣東二十里，舊城村）、邯鄲（今河北省，邯鄲縣西南），兩縣並屬

焉。廣平，前漢爲國，屬縣十六，有廣平，無邯鄲，邯鄲別屬趙國。景帝三年（西元前一五四年）
，復秦舊，爲邯鄲郡；五年（西元前一五二年），復爲國，封子彭祖。後漢廣平止爲縣，屬鉅野郡
；邯鄲亦屬趙國。此以廣平爲郡，以邯鄲爲廣平屬縣，乃據魏制而言，舊史往往如此。卲生漢末，
方其生時，固無所謂廣平郡也。唐杜佑通典卷七十六、禮三十八、軍三，引卲議正旦日蝕事，謂之
博平計吏。案博平置郡，始于唐，治聊城（今山東聊城西北），在後漢止爲縣，屬東郡，卽今山東
博平縣西北博平鎭。杜書言博平，當爲廣平，或疑杜佑誤沿隋諱，煬帝諱廣，廣之字，每易以博，
廣平之稱博平，猶廣雅之稱博雅矣。

建安中，爲計吏，詣許。於荀彧所，力斥廢朝、却會議，乃漸知名。御史大夫郗慮辟卲，會慮免，拜太子舍人，遷秘書郎。

按：許，春秋許國，秦置縣，建安元年（西元一九六年），八月，曹操迎獻帝都之。魏文帝黃初二
年（西元二二一年）正月，改許縣爲許昌縣，今河南省許昌縣西南。又此云「建安中」，未審確在
何年。今據郗慮辟卲，會慮免之事考之，知慮之辟卲，當在免御史大夫之前不久。則卲詣許之年，
乃可約略推定。案：漢制，計斷九月，郡國歲盡，遣上計掾史，條上郡內衆事，謂之計簿，卲既以
計吏詣許，依例當在歲杪。又據宋范曄後漢書獻帝紀，建安十三年（西元二〇八年）夏六月，罷三
公官，置丞相、御史大夫。癸巳，曹操自爲丞相；八月、丁未，光祿勳郗慮爲御史大夫。梁剡令劉
昭注補晉司馬彪續漢志，謂慮免，不得補，而未言慮於何時免。考建安十九年（西元二一四年，十
一月），曹操殺伏后時，獻帝曾謂御史大夫郗慮曰：「郗公，天下寧有是耶？」知慮時當在職。至

二十一年（西元二一六年）夏，四月，封魏王操時，已由宗正劉艾行御史大夫事，則似慮已去職。慮之免，當在建安十九年（西元二一四年），十一月以後，二十一年（西元二一六年）四月以前。卲之詣許，可依此推定宜在建安十九年，或二十年之歲杪。至留官許都，則又東都上計吏多留補郎官之舊例也。於詣許時，至尚書令荀彧所，時因太史上言正旦當日蝕，或正與坐客數十人議之，或云當廢朝，或云宜却會。卲乃曰：「梓愼、裨竈，古之良史，猶占水火，錯失天時。禮記曰：諸侯旅見天子，及門不得終禮者四，日蝕在一。然則聖人垂制，不爲變豫廢朝禮者，或災消異伏，或推術謬誤也。」或善其言，屆時照舊朝會，日亦未蝕，卲遂漸知名。宋書禮志云：「晉武帝咸寧二年、四年，並以元旦合朔却元會，改魏故事也。康帝建元元年，太史上元日合朔，朝士復疑應却會與否，庾冰輔政，寫劉卲議以示八座，蔡謨著議非之，於是，冰從衆議，遂以却會。」清秦蕙田云：「蔡謨駁劉卲之議，甚當。宋宗元曰：『案劉卲之議，一時巧辯，非禮意也。荀文若學術本疏，故爲強詞所奪，而典禮幾廢，得蔡謨此議，乃能駁正前違，開示衆惑。誰謂晉人清談遠遜漢儒歟？』」（清秦蕙田「五禮通考」）。則劉卲斥却會議，必甚聞名，始得爲後人所取資。

黃初中，爲尚書郎、散騎侍郎。受詔集五經群書，以類相從，作皇覽。

魏志文帝紀云：「初帝好學，以著述爲務，使諸儒撰集經傳，隨類相從，凡千餘篇，號曰皇覽」。明云使諸儒，則諸儒俱參與其事也。楊俊傳注引魏略曰：「王象受詔撰皇覽，使象領秘書監，象從延康元年（西元二二〇年）始撰集，數歲成，藏於祕府，合四十餘部，部有數十篇，通合八百餘萬字」。又魏志曹爽傳注引魏略曰：「桓範延康中爲羽林左監，以有文學與王象等典集皇覽」。太平御覽六百零一引三國典略曰：「祖珽等上言，昔魏文帝命韋誕諸人撰著皇覽，包括群言，區分義別」。隋志載皇覽一百二十卷，繆卜等撰。卜乃襲之訛。史記五帝本紀（黃帝）索隱曰：皇覽乃魏人王象、繆襲等所撰。按：漢獻帝建安二十五年（西元二二〇年），三月，改元延康，十月，禪于魏。魏又改黃初，皇覽之撰集，殆始於是年三月以後，漢末禪魏以前，故猶稱延康。唐司馬貞云：「宜皇王之省覽，故曰皇覽」（註四），是猶後世之稱御覽也。此次參與撰集者，除劉劭外，復有王象、繆襲、桓範、韋誕諸人。玉海藝文曰：「類事之書始于皇覽，韋誕諸人撰，建雲台者非一枝，成珍裘者非一腋，言集之者衆也。」是後世之論目錄者，咸推皇覽爲類書之始。皇覽千餘卷，至梁時存六百八十卷，至隋存一百二十卷。姚振宗考證云：「百二十卷，殆猶是原編殘帙，然新舊唐志不載，則已亡於隋末之亂矣。」按：新舊唐志祗載何承天幷合皇覽一百二十二卷，徐爰幷合皇覽八十四卷，知舊著至唐已未及見也。書中體例，乃搜集典籍，區分義別，以類相從，上以供人君乙夜之覽，下以爲文士射策之資。今馮翼輯本一卷（在問經堂叢書中），未審昔人所引爲原著，或何、徐二家合併之本，第其分篇可見者，則有逸禮及冢墓記二篇，皆由續後漢書志、藝文類聚及太平御覽等書輯出，加以排比而成。隋志入子部雜家類，舊唐志析出使隸類事，仍居子部。新唐志又廢類事爲類書，類書之名昉于此矣。姚振宗隋志考證則認爲入集部較適。荀勗因中經更著新簿，第三丙部中有史記、舊事、皇覽簿、雜事等，其中所謂皇覽簿，即爲皇覽之目錄，而荀勗新簿乃據鄭默中經而來，知皇覽之目錄，於曹魏時已單行成書，成爲目錄編輯之專門書目。劉劭既參與編輯皇覽，其區分義別，與因類相隨之分類方法，自然影響其人物志區分流品，及景初中受詔著都官考課七十二條，受詔作新律之「分數精比」也。

明帝即位，出爲陳留太守，敦崇教化，有仁聲。徵拜騎都尉，與議郎庾嶷、荀詵等定科令，作新律十八篇，著律略論。

按：魏志卷三明帝紀：「太和三年（西元二二九年），冬十月，改平望觀曰聽訟觀，帝常言『獄者，天下之性命也。』每斷大獄，常幸觀臨聽之。」又通鑑魏紀三，明帝太和三年：「魏明帝明法術，太和三年，詔司空陳群，散騎常侍劉卲等制新律十八篇、州郡令四十五篇」，科令之定，即始於是時。又衛覬傳：明帝即位，覬奏曰：「九章之律，自古所傳，斷定刑罪，其意微妙。百里長吏，皆宜知律。刑法者，國家之所貴重，而私議之所輕賤，獄吏者，百姓之所縣命，而選用者之所卑下，王政之弊，未必不合此也。請置律博士，轉相教授。」事遂施行，此卲等撰新律之緣起。晉書刑法志曰：「魏明帝下詔改定刑制，命司空陳群、散騎常侍劉卲、給事黃門侍郎韓遜、議郎庾嶷、中郎黃休、荀詵等刪約舊科，傍採漢律定爲魏法，制新律十八篇，州郡令四十五篇，尚書官令，軍中令合百八十餘篇」。集罪例以爲刑名，冠於律首，餘分諸律令科條以爲刼掠律、毀亡律、告劾律、繫訊斷獄律、請賕律、擅興律、留警事律、償贓律、免坐律，凡所定增十三篇，就故五篇，合十八篇，於正律九篇爲增（漢承秦法，蕭何增入三章，是爲九章之律），於旁章科令爲省矣。「改漢舊律不行於魏者，皆除之……」，魏律於隋時已亡失，賴晉書保存魏法（律）序略，得窺其內容之一二。而新律之主撰者，實爲劉卲。要之，劉卲於漢律頗有改異整理之功。故夏侯惠薦卲，稱其「法理之士，明其分數精比；制度之士，貴其化略較要；策謀之士，贊其明思通微」，或即指此。至於律略論，隋志刑法類著應劭律略五卷，亡。舊唐志刑法類著律略論五卷，應劭撰。新唐志刑法類劉卲律略論五卷；御覽六百三十八引劉卲律略曰：「刪舊科、採漢律，爲之象魏」。按應劭傳不載此書，知乃劉卲所撰，新唐志所載是也。

遷散騎常侍。時聞公孫淵受孫權燕王之號，議者欲留淵計吏，遣兵討之。卲却以爲「宜加寬貸，使有以自新」（**見劉卲本傳**）**，後淵果斬送權使張彌等首。**

按：三國志卷四十七、吳書二、吳主傳第二：「嘉禾元年（魏明帝太和六年，西元二三二年）三月，遣將軍周賀、校尉裴潛，乘海之遼東。秋九月，魏將田豫要擊，斬賀于成山。（又魏志明帝紀亦載：太和六年，冬十月，殄夷將軍田豫，帥衆討吳將周賀于成山，殺賀）。冬十月，魏遼東太守公孫淵，遣校尉宿舒、閬中令孫綜，稱藩于權。二年（魏明帝青龍元年，西元二三三年）三月，遣舒、綜還，使太常張彌、執金吾許晏、將軍賀達等，將兵萬人，金寶珍貨，九錫備物，乘海授淵，舉朝大臣自丞相雍以下，皆諫，權終不聽。淵果斬彌等，送其首於魏。沒其兵資」。魏志明帝紀亦載云：「青龍元年十二月，公孫淵斬送孫權所遣使張彌、許晏等首，以淵爲大司馬、樂浪公。」魏志卷八公孫淵傳：「淵遣使南通孫權，往來路遺，權遣使張彌、許晏等，齎金玉珍寶，立淵爲燕王，淵亦恐權遠不可恃，且貪貨物，誘致其使，悉斬送彌、晏等首。明帝於是拜淵大司馬，封樂浪公，持節、領郡如故」。上所述皆此事也。可參閱公孫度傳附淵傳注引魏略，吳書所載魏所下公文及淵所上魏、吳各表，及吳主孫權傳，嘉禾二年注引吳書。

卲嘗作趙都賦，明帝美之。詔卲作許都、洛都賦；時外興軍旅，內營宮室，卲作二賦，皆諷諫焉。

文心雕龍才略篇云：「劉卲趙都，能攀于前修」。則其鋪排華麗，可與漢賦媲美矣。淸嚴可均所輯全三國文卷三十二，錄存趙都賦、嘉瑞賦、龍瑞賦、疏議序、七華、文帝誄、明帝誄、飛白序勢（按：飛白序勢從藝文類聚七十四卷中錄出，今考張懷瓘書斷，乃晉劉紹撰），而許都、洛都二賦，其文俱佚。惟文心雕龍事類篇第三十八引劉卲趙都賦云：「公子之客，叱勁楚，令歃盟；管庫隸臣，呵强秦，使鼓缶。」嚴輯趙都賦却缺此條，其他有無漏輯，不得而知。文心時序篇云：「至明帝纂戎，制詩度曲，徵篇章之士，置崇文之觀，何、劉群才，迭相照耀」，此「劉」乃指劉卲也，知劉卲亦善屬文綴辭矣。茲以嚴可均所輯爲準，略論諸賦寫作時代，並隨事議明之：

許、洛都二賦，其文俱佚，其目則僅見本傳。言其有諷諫之意，則由之可略窺其作成時間。按太和、靑龍間，司馬懿與諸葛亮相持於關中，與孫吳亦常有疆埸之事。靑龍三年（西元二三五年），大治洛陽宮，起昭陽、太極殿，築總章觀，其淫侈詳是年裴注引魏略所載太子舍人張茂之上書切諫，甚且欲平北芒，於其上作台觀，辛毗諫止之（見魏志卷二十五辛毗傳）。另陳群、楊阜、高堂隆等各數切諫（見明帝紀及諸人本傳）。所謂「外興軍旅，內營宮室」者，蓋指此。是二賦或作於靑龍三年間？

龍瑞賦云：「太和七年，春，龍見摩陂，行自許昌，親往臨觀。」案太和七年，即靑龍元年，西元二三三年，癸丑。明帝紀云：「春、正月，甲申，靑龍見郟之摩陂井中（摩陂，在今河南省郟縣東南），二月，幸摩陂觀龍，於是改年。改摩陂爲龍陂」。是賦猶以太和紀年，殆作於是年二月未改元以前歟？嘉瑞賦，未書年月，惟歷數祥端，中有「黃龍耀其神精」一語。案明帝紀：「景初元年

（西元二三七年）丁巳春，正月壬辰，山茌縣言「黃龍見」（山茌，漢曰茌縣，魏始改山茌，茌山在縣東北，故城在今山東省長淸縣東北），於是有司奏，以爲魏得地統，宜以建丑之月爲正」。三月，定曆改年爲孟夏四月。則此賦至早當作於是年正月以後。按改元、改曆爲當時大事，故有此奉詔之賦作也。

靑龍中，吳圍合肥，時東方吏士皆分休，征東將軍滿寵，並請中軍兵，并召休將士，須集擊之。劭議以爲「可先遣步兵五千，精騎三千，軍前發，揚聲進道，震曜形勢，騎到合肥，疏其行隊，多其旌鼓，曜兵城下，引出賊後，擬其歸路，要其糧道，賊聞大軍來，騎斷其後，必震怖遁走，不戰自破賊矣」。帝從之，比兵至合肥，賊果退還。

按：此靑龍二年（西元二三四年）間事，劭之議見本傳。魏志卷二十六滿寵傳謂「靑龍二年，權自將號十萬，至合肥新城，寵馳往赴，募壯士數十人，折松爲炬，灌以麻油，從上風放火，燒賊攻具，射殺權弟子孫泰，賊於是引退」。明帝紀又謂：「靑龍二年五月，孫權入居巢湖口，向合肥新城，又遣將陸議、孫韶各將萬餘人入淮沔，六月，征東將軍滿寵進軍拒之。寵欲拔新城守，致賊壽春，帝不聽。…秋七月壬寅，帝新御龍舟東征，權攻新城，將軍張穎等拒守力戰，帝軍未至數百里，權遁走。議、韶等亦退」，說各不同。要之，劉劭亦長兵法，權捷達識，其明能見機，智足斷事，故夏侯惠稱其「策謀之士，贊其明思通微」也。

時詔書博求衆賢，散騎侍郞夏侯惠薦劭。

案：明帝紀：「靑龍元年（西元二三三年），三月，甲子，詔公卿擧賢良篤行之士各一人」。惠之薦卲，當在是時。此與上文同記靑龍年間事，而前後失序，似當先書惠之薦卲，繼書二年吳圍合肥、卲進計退敵方合。或詔書下，未有薦者，値卲獻議果退敵，惠乃以此薦之耶？按：劉汝霖漢晉學術編年繫於靑龍二年（西元二三四年）。夏侯惠薦卲曰：「伏見常侍劉卲，深忠篤思，體周於數，凡所錯綜，源流弘遠，是以群材大小，咸取所同而斟酌焉。故性實之士，服其平和良正；淸靜之人慕其玄虛退讓；文學之士，嘉其推步詳密；法理之士，明其分數精比；意思之士，知其沈深篤固；文章之士，愛其著論屬辭（註五）；制度之士，貴其化略較要；策謀之士，贊其明思通微。凡此諸論，皆取適己所長，而擧其支流者也。臣數聽其淸談，覽其篤論，漸漬歷年，服膺彌久。實爲朝廷奇其器量，以爲若此人者，宜輔翼機事，納謀幃幄，當與國道俱隆，非世俗所常有也。惟陛下垂優遊之聽，使卲承淸閑之歡，得自盡於前，則德音上通，輝耀日新矣」，以上所稱薦之言，雖不免有溢美者，然揆其定律作課，議兵說禮，無不詳密可行，固一時之雋也。

景初中，受詔作都官考課。

據**魏志**卷二十二**盧毓傳**言毓爲中書郎，主張循名按常，試功驗後，明帝納議，詔作考課法。本傳載卲受詔上疏曰：「百官考課，王政之大較，然而歷代弗務，是以治典闕而未補，能否混而相蒙……臣奉恩曠然，得以啓矇，輒作都官考課七十二條，又作說略一篇」。**盧毓**於靑龍二年，入爲侍中。在職三年，爲吏部尙書，考課法之作，卽在毓爲吏部尙書之時，毓爲吏部尙書得始於景初元年（西元二三七年），而未嘗不可言爲靑龍四年也。劉卲本傳曰：「景初中」，景初有三年，作都官考課未知爲景初何年。**通鑑魏紀**係此事於景初元年，無考異，未詳所本（註六）。通鑑又云：「魏明帝景初元年，詔下百官議，崔林、杜恕、傅嘏議久不決，事竟不行」，三文俱在，可窺議論之一端。可知劉卲為斯時著名法理學家，有關考課論，詳見下章。

又以為宜制禮作樂，以移風俗，著樂論十五篇。

玉海音樂類有劉卲樂論二十四篇。文選注及太平御覽並引之。今皆不傳。人物志序云：「敍詩志，則別風俗雅正之業；制禮樂，則考六藝祗庸之德」，其撰述皆本聖人垂教之意。故四庫提要云：「其學雖近乎名家，其理則弗乖於儒者」。三國志劉卲傳贊以「博覽群籍，文質周洽」云。

正始中，執經講學，賜爵關內侯。凡所撰述法論、人物志之類百餘篇。卒，追贈光祿勳。子琳嗣。

正始為齊王芳之年號。魏志卷四、三少帝紀：「正始二年（西元二四一年），春二月，帝初通論語，使太常以太牢祭孔子於辟雍，以顏淵配。五年（西元二四四年）五月，講尚書經通，使太常以太牢祭孔子於辟雍，以顏淵配。七年冬，十二月，講禮記通，使太常以太牢祀孔子於辟雍，以顏淵配」。卲既「執經講學」當在五年，所講當為尚書。人物志之作或即在都官考課法不獲實施之後，故本傳於歷述卲作律略論，許都、洛都賦，都官考課法之後，始總計卲之撰述，言「凡所撰述法論、人物志之類百餘篇」，則疑人物志之成書，當不得過早也。又劉卲既精法理，故有法論之作。卲之卒年亦不得其詳，本傳從正始後，即無事蹟交代，故可推當卒於正始六年左右（註七）。

唐段成式酉陽雜俎卷十三冥跡「崔羅什」「……什仍與論漢魏大事，悉與魏史符合，言多不能備載，什曰：「貴夫劉氏願告其名」，女曰：「狂夫劉孔才之第二子，名瑤，字仲璋，比有罪被攝，乃去不返」，劉卲傳未有子名瑤字仲璋者。

（附一）劉卲著述一覽表

一、經

樂律、樂論之屬：樂論十四篇（魏志本傳）

孝經類：劉卲孝經注一卷

釋文敍錄：劉卲字孔才，廣平人，魏光祿勳，注孝經。

隋志：梁有光祿大夫劉卲注孝經一卷，亡。

唐經籍志：古文孝經一卷，劉卲注。

藝文志：古文孝經，劉卲注，一卷。

冊府元龜學校部注釋門：劉卲爲光祿大夫，注孝經二卷。

小學類、訓詁之屬：劉卲爾雅注

初學記歲時部卷三引爾雅曰：蟋蟀蛬、劉卲注云謂蛚蜻也。

案：魏志本傳稱卲所撰述凡百餘篇，爾雅注恐爲其中之一。考郭景純序注者十有餘家，邢疏舉郭璞之前注家有十餘，然則劉卲之注當在郭璞所采十餘家中。初學記所引，未必見其本書。

二、史

職官類：劉卲爵制

續漢書百官志五、劉昭注引之。

案：魏國初建于建安十八年五月，此爵制證以本紀當作于是年。劉昭注所引似其序論之首一段，尚未及本文。藝文類聚五十一、太平御覽一百九十八引王粲爵論，言其事甚悉。本傳云：魏國制度，粲恒典之。則是制劉卲綜其事，王粲典領之也。

政事類：劉卲都官考課七十二條，說略一篇

魏志本傳：景初中受詔作都官考課，其上疏云作都官考課七十二條，又作說略一篇。

又盧毓傳、晉書杜預傳亦言及此事。

刑法類：魏律十八篇

魏志本傳：明帝即位，出爲陳留太守，徵拜騎都尉，與議郎庾嶷、荀詵等定科令，作新律十八篇。

又晉書刑法志，可窺其內容之一斑。

法理類：劉卲律略論五卷

魏志本傳：作新律十八篇，著律略論。

隋志：梁有應卲律略論五卷、亡（應劭蓋劉卲之誤）。

唐經籍志：律略論五卷應劭撰（應劭蓋劉卲之誤）。

藝文志：劉卲律略論五卷。

太平御覽六百三十八刑法部引劉卲律略曰：刪舊科、采漢律爲魏律，懸之象魏。

三、子

法家類：劉卲法論十卷

本傳：凡所撰述法論、人物志之類百餘篇。

夏侯惠薦卲曰：法理之士，明其分數精比。

隋志：梁有法論十卷、劉卲撰、亡。

唐經籍志：劉氏法言十卷。劉卲撰。

藝文志：劉氏法論十卷。注云：劉卲撰。

名家類：劉卲人物志三卷

本傳：凡所撰述法論、人物志之類百餘篇。

隋志人物志三卷，劉卲撰。

唐經籍志同隋志

藝文志：劉卲人物志三卷。

宋志：卲郡人物志二卷（此劉卲誤爲卲郡，三卷誤爲二卷）。

晁志：人物志三卷。凡十六篇（十六篇疑傳寫之誤）

四庫提要：卲書凡十二篇，入雜家雜學之屬。

雜家：皇覽（有四十餘部，通合八百餘萬字）

本傳：黃初中，受詔集五經群書，以類相從，作皇覽。

與王象、桓範、繆襲、韋誕等諸人共同修撰。
隋志入子部雜家類。
舊唐志歸類事門
新唐志歸類書類

四、集

魏光祿勳劉卲集二卷，錄一卷。
本傳：卲嘗作趙都賦，明帝美之，詔作許都、洛都賦。
文心雕龍才略篇：劉卲趙都，能攀于前修。
隋志：梁有光祿勳劉卲集二卷，錄一卷，亡。
唐經籍志：劉卲集二卷。藝文志同。
嚴可均輯全三國文錄存趙都賦、嘉瑞賦、龍瑞賦、疏議序、七華、文帝誄、明帝誄、飛白序勢（按：今考飛白序勢乃晉劉紹撰），許都賦、洛都賦僅存其目，其文俱亡佚。

（附二）劉昞傳略

西涼儒林祭酒劉昞注人物志，其事蹟具魏書卷五十二本傳，又北史卷三四作劉延明傳。
劉昞字延明，燉煌人。父寶，字子玉，以儒學稱。年十四，就博士郭瑀問學，後瑀幷以女妻之。時隱居酒泉，開堂講學，受業者甚衆，河西一帶學術文化由之轉盛。

西涼武昭王李暠（四〇〇—四一七），私署徵爲儒林祭酒、從事郎。暠好尚文典，書史穿落者，皆親自補葺之。昞時侍側，請代其事，暠曰：「躬自執者，欲人重此典籍。吾與卿相遇，何異孔明之會玄德？」其見重莫過於此。建初三年，丁未，年穀豐登，百姓樂業，請勒銘酒泉，暠許之，於是使昞爲文，刻石頌德（見晉書卷八十七涼武昭王傳）。

尋遷撫夷護軍，雖有政務，猶手不釋卷。暠曰：「卿注記篇籍，以燭繼晝，白日且然，夜可休息！」昞曰：「朝聞道，夕死可矣。不知老之將至，孔聖稱焉，昞何人斯，敢不如此」，深以聖賢好學不厭，誨人不倦自勉。

昞之著述見史志者有三史略記百三十篇，八十四卷。涼書十卷、燉煌實錄二十卷（隋志載燉煌實錄十卷，劉景撰，唐人諱昞，故以景代之）、方言三卷、靖恭堂銘一卷；注周易、韓子、人物志、黃石公三略等行於世。

後北涼沮渠蒙遜滅西涼（西元四二〇年），拜祕書郎，專管注記。爲築陸沈觀於西苑，躬往尊禮。下令曰：「祕書郎中劉延明學冠當時，道先河內，可授玄處先生之號」（十六國春秋輯補作「玄虛先生」），學徒甚眾。尊爲國師，親自致拜，受官屬皆北面受業。以碩儒之受尊顯，莫過於此矣。時同郡索敞陰興爲助教，專心經籍，竝以文學見稱，每巾衣而入，盡能傳延明業。及魏太武帝平涼州（西元四三九），夙聞其名，拜樂平王從事中郎。太武詔諸年七十以上聽留本鄉，一子扶養，延明時老矣，在姑臧歲餘，思鄉而返，至涼州西四百里韮谷窟，疾卒。由上所載，可推其生卒年，約爲西元三七〇年前後至四四〇前後。

昞有六子，長子僧衍早亡。次仲禮留鄉里。次字仲次，貳歸少、歸仁，並遷代京。後分屬諸州爲城民。歸仁有二子，長買奴，次顯宗，皆沈屈不得志。

太和十四年（西元四九〇年），尚書李沖奏延明河右碩儒，而子孫沈屈，未有祿潤，以爲賢者子孫，宜蒙顯異，其言曰：「臣聞太玄立德，其次立功、立言，死而不朽，前哲所尚，思人愛樹，自古稱美，故樂平王從事中郎燉煌劉昞著業涼城，遺文茲在，篇籍之美，頗足可觀……」於是除其一子爲郢州雲陽令。正光三年（西元五二二年），太保崔光奏曰：「故樂平王從事中郎，燉煌劉延明著業涼城，遺文茲在，如或忿釁，當蒙數世之宥，況乃維祖逮孫，相去未遠，而令久淪皁隸，不獲收異，儒學之士所竊歎，乞敕尚書推檢所屬，甄免碎役，敦化厲俗」。於是四年六月（西元五二三年），詔曰：「太保啓陳，深合勸善，其孫等三家，特可聽免」，河西人以爲榮焉。

昞注人物志，四庫提要稱其「不涉訓詁，惟疏通大義，而文詞簡古，猶有魏晉之遺」。且併孔才原序注之，則又得乎經學家法矣。

（附三）人物志板本源流

劉卲人物志，述性品之上下，材質之兼偏，亹亹自成一家言。其書至十六國時，西涼劉昞始作注解，自後隱晦沈埋數百載；至北宋阮逸以該書博而暢，辨而不肆，足爲治國使人之龜鑑，治性修身之檃栝，乃序而傳之。則人物志之板刻成書，當自此始。唯此本已無傳，未見藏書家之著錄。後文彥博合官私之書校之，去其複重附益之文爲定本。清孫星衍廉石居藏書記云：「嘗見有乾隆九年中州彭家屏刊在南州本，敍稱於塗君延年處借得宋帙，重爲翻本，然文字多脫落」，則宋本至清初猶可見也。今所得見者，皆明以後刋本，爰就所知，表列其源流（註八）：

人物志版本源流表

- 阮逸本—宋文彥博校定本
  - 明正德本
  - 明嘉靖顧定芳刋本—隆慶梁夢龍刋本
    - 世界諸子集成本
    - 四部叢刊本
    - →萬曆劉用霖刋本（李氏思益軒本）
      - （程榮漢魏叢書本）—何允中漢魏叢書本（無注本）—王謨增訂漢魏叢書本（無注本）
        - 玲瓏山館叢書本（無注本）
        - 光緒紅杏山房重刋本
      - 四庫本—墨海金壺本—守山閣叢書本
        - 畿輔叢書本
        - 龍溪精舍叢書本
        - 益雅堂叢書本
      - 中華書局四部備要本
  - 儼山伯氏抄本—藍格鈔本—萬曆兩京遺編本

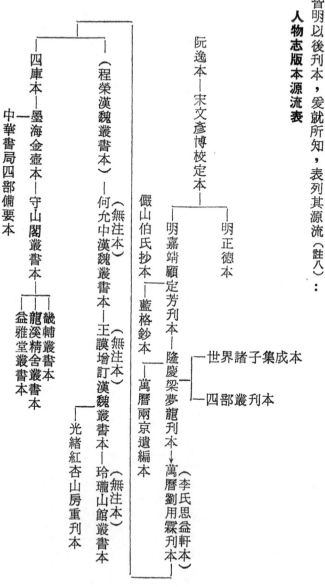

【附　註】

註一：後漢書符融傳：「時漢中晉文經、梁國黃子艾，並恃其才智，炫耀上京，臥託養疾，無所通接。洛中士大夫好事者承其聲名，坐門問疾，猶不得見。三公所辟召者輒以詢訪之，隨所臧否，以爲與奪」。

註二：後漢書許劭傳：「故天下言拔士者，咸稱許、郭。……初，劭與靖俱有高名，好共覈論鄉黨人物，每月輒更其品題，故汝南俗有『月旦評』焉」。

註三：日知錄論兩漢清議曰：「鄉舉里選必先考其生平，一玷清議，終身不齒。君子有懷刑之懼，小人存耻格之風。教成於下而上不嚴，論定於鄉而民不犯」。

註四：史記卷一五帝本紀索隱。

註五：夏侯惠之薦文中言「文學之士，嘉其推步詳密」、「文章之士，愛其著論屬辭」。文學與文章之區別仍甚明。按先秦時所謂文學，乃泛指學術而言；至漢，仍承先秦餘風。文學一詞，廣義以言之，則包括一切學術：儒術、掌故、律令、禮儀等；狹義則指儒學或經學。至其詞章之類，詩詞之屬，稱之爲「文章」或「文辭」。則上言文學之士乃泛指一般學術；而文章之士則代表屬文綴辭方面。人物志流業篇云：「人之流業有十二焉……有文章，有儒學，能屬文著述，是謂文章，司馬遷、班固是也。能傳聖人之業，而不能幹事施政，是謂儒學，毛公、貫公是也。」此所謂之儒學，即狹義之文學也。「文學」與「文章」之歸指一類，須至南北朝之宋時，至此，文學一詞已專指辭章矣。蓋漢辭賦盛行，與經學異路別行，故有此分辨也。而人物志中，文章與歷史不分，從上述流業篇列文章家以司馬遷、班固爲代表可知。

註六：增補歷代紀事年表亦繫於景初元年。

註七：劉邵生平考略頗參酌馮師承基之考證。

註八：嚴靈峯先生有「人物志書目錄」，臚列歷代善本及選、釋、刪、評、校、賞本甚詳，可參考。今台灣可見者有正德刊本、顧定芳刊本、梁夢龍刊本、思益軒刊本、藍格鈔本、胡維新兩京遺編本、程榮漢魏叢書本、何允中漢魏叢書本、葉刊點本……。清文淵閣四庫全書本乃據萬曆劉用霖刊本，劉本乃用隆慶壬申鄭旻舊板而修之者。

第二章　劉卲都官考課議

夫考課者，卽考功課吏也。在考核百官之功過善惡，驗其職業之修廢，立一定之標準，擧其殿最，以憑黜陟者，此與實際政治有密切之關聯。

劉卲本傳謂「景初中，受詔作都官考課七十二條，又作說略一篇。」通鑑卷七十三、魏紀五係此事曰：

魏明帝景初元年（西元二三七年），帝詔吏部盧毓曰：「選擧莫取有名，名如畫地作餠，不可啖也。」毓對曰：「名不足以致異人而可以得常士，常士畏教慕善，然後有名，非所當疾也。愚臣既不足以識異人，又主者正以循名按常爲職，但當有以驗其後耳。……今考績之法廢，而以毀譽相進退，故眞僞混雜，虛實相蒙。」帝納其言，詔散騎常侍劉卲作考課法。

通鑑所據者爲魏志卷二十二盧毓本傳。至其繫此事於景初元年（西元二三七年），因無考異，未詳所本。按：盧毓於靑龍二年，入爲侍中，在職三年，爲吏部尙書，考課法之作，卽在毓爲吏部尙書時。又據魏志卷二十一傅嘏傳謂：

嘏，弱冠知名，司空陳群，辟爲掾，時散騎常侍劉卲作考課法，事下三府，嘏難卲論。

似謂考課議在陳群爲司空時，然據明帝紀，群卒於靑龍四年（西元二三六年）十二月，次年三月始改元景初。而盧毓爲吏部尚書，始於景初元年。都官考課之作，究在靑龍四年抑景初元年耶？竊以爲作都官考課之議在靑龍四年發起，因其作始終帙，非一時之事，故記載稍有歧異耳。

究考課法之立意，本在綜核名實，屬法家之言也。劉劭以曾作法論、定科令、制新律之故，長於法制，深察名號，其受詔作考課法，可謂得人。而盧毓亦曾作九州人士論，與劉劭同主依名選士，考課督實，固皆一時著名之名法家也（註一），其主張作考課法，斯有由矣。

作考課法之意，據劉劭上疏曰：「百官考課，王政之大較，然而歷代弗務，是以治典闕而未補，能否混而相蒙。」蓋考課之法，歷代皆有，然多未務實考核，以是形成名實乖濫之結果。魏初申名、法，一懲漢末交游結黨、浮華修會之士習，乃求檢形定名，依才能爲用。則魏初考課法之實際意義，正配合「用人唯才」政策，以擴大選拔人才之範圍者。爲強固其政權，補救察舉之失實，考課法之作，實當務之急。杜佑通典卷十五、選舉三、考績：

魏明帝時，以士人毀稱是非，混雜難辨，遂令散騎常侍劉劭作都官考課七十二條，考覈百官。其略欲使州郡考士，必由四科，皆有效，然後察舉，或辟公府，爲親人長吏，轉以功次補郡守者，或就秩而加賜爵焉。至於公卿及內職大臣，率考之。

據盧毓本傳及通典等所載，知考課法本係針對諸葛誕、鄧颺等而發。魏志諸葛誕傳謂誕與夏侯玄、鄧颺相善，共相題表，修浮華、合虛譽，明帝惡之。於太和四年（西元二三〇年）切詔曰：

世之質文，隨教而變，兵亂以來，經學廢絕，後生進趣，不由典謨，豈訓導未洽，將進用者不以德顯乎？其郎吏學通一經，才任牧民，博士課試，擢其高第者亟用，其浮華不務本道者，罷退之。

此詔發表後二年，董昭上疏陳風俗之弊曰：

> 凡有天下者，莫不貴尙敦樸忠信之士，深疾虛僞不眞之人者，以其毀教亂治，敗俗傷化也。近魏諷則伏誅建安之末，曹偉則斬戮黃初之始，伏維前後聖詔，深疾浮僞，欲以破散邪黨，常用切齒，而執法之吏，皆畏其權勢，莫能糾擿。毀壞風俗，浸欲滋甚，竊見當今年少，不復以學問爲本，專更以交游爲業，國士互相褒歎，以毀訾爲罰戮，用黨譽爲爵賞，附己者則歎之盈言，不附者則爲作瑕釁。

董昭上疏後，明帝乃下詔黜諸葛誕、鄧颺等。而都官考課法乃應杜絕朋黨、抑止浮華之意，所建立之客觀考核標準也（註二）。蓋無一客觀標準，純憑主觀黜陟，其流弊必叢生矣。

夫「考課法本在考查官吏，劉劭更廣泛推及州郡考士與察舉辟召，則此考課法，實包括選舉在內者」（註三）。其云「考士必由四科」之「四科」，據通鑑胡三省注以爲係指後漢左雄所上之儒學、文吏、孝悌、能爲政四項，此爲東漢舊制。而宋書卷四十百官志下則曰：「一曰德行高妙，志節淸白；二曰學通行修，經中博士；三曰明習法令，足以決疑，能按章覆問，文中御史；四曰剛毅多略，遭事不惑，明足決斷，材任三輔縣令」。又爲前漢四科矣。今考課法已亡，四科之目爲何，實難確知。嘉平元年王昶有考課疏（魏志王昶傳），其考課事分卿考課：一曰掌建邦國以考制治；二曰九卿時敍以考事典；三曰經綸國體以考奏議；四曰共屬衆職以考總攝；五曰明愼用刑以考留獄（書鈔五十三）。又尙書侍中考課：一曰掌建六材以考官人；二曰綜理萬機以考庶績；三曰進視惟允以考讜言；四曰出納王命以考典政；五曰罰法以考興行（御覽二百十二）。夫官品有等級，考課之目自亦不同，而劉劭之制，欲使「公卿及內職大臣率考之」，則未免迂拘矣。此杜恕雖頗贊同孔才州郡之議，獨於公卿、內職大臣之考課，持有異議也。宋司馬光評論劉卲考課之制，亦曰：

太守居一郡之上，刺史居一州之上，九卿居屬官之上，三公居百事之上，皆用此道以考察黜陟在下之人，爲人君者，亦用此道以考察黜陟公卿太守，奚煩勞之有哉！

向以劉卲考課法卽綴京房之遺意。按考課之法，多見於政書。漢制，太尉掌四方兵事，司徒掌四方民事，司空掌四方水土功課，歲盡卽奏其殿最而行賞罰。郡國歲盡遣上計掾史，條上郡內衆事，謂之計簿，以爲中央課殿最之依據。其後，上計簿形成具文，官官相護，務爲欺謾，以是眞僞相亂，故元帝時欲試用京房考功課吏之制。漢書京房傳云：

（元帝數召見京房）對曰：「古帝王以功舉賢，則萬化成，瑞應著。末世以毀譽取人，故功業廢而致災異，宜令會百官各試其功，災異可息。」詔使房作其事，房奏考功課吏法。

法成，上令六卿朝臣與京房會議溫室，皆以房言煩碎，令上下相司，不可許。上意嚮之，時部刺史奏事京師，上召見諸刺史，令房曉以課事，刺史復以爲不可行，惟御史大夫鄭弘、光祿大夫周堪，初言不可，後善之。上令房上弟子曉知考功課吏事者，欲試用之，房上中郎任良、姚平，願以爲刺史，試考功法，房願得通籍殿中爲奏事，以防壅塞。石顯、五鹿充宗皆疾房，欲遠之，建言宜試以房爲郡守，元帝於是以房爲魏郡太守，秩八百石，居得以考功法治郡，房自請，願無屬刺史，得除用它郡人，自第吏千石以下，歲竟乘傳奏事，天子許焉。……房未發，上令陽平侯鳳承制詔房，止無乘傳奏事。房去月餘，竟下獄，此建昭二年（西元前三十七年）事也（見京房傳）。京房之考功課吏法，其詳已無可考，據晋灼曰：

令、丞、尉理一縣，崇教化，亡犯法者輒遷。有盜賊滿三日不覺者，則尉事也。令覺之，自除。二尉負其罪，率相准如此法也（註四）。

灼之說簡略，無以推考京房考課之法，更無以見其煩碎之眞象。所可知者，要在以實功爲程耳。及考課之法廢，以是「令長守相，不思立功……尙書不以責三公，三公不以讓州郡，州郡不以討縣邑，是以凶惡狡猾易相寃也」（王符潛夫論），考課之法，惡可廢哉！劉邵「陳周漢之法爲，綴京房之本旨」（杜恕疏），作考課法，思有以驗其後。及成，制下百僚（魏志卷二十四崔林傳）、事下三府（魏志卷二十一傅嘏傳），駁難者多，則考課之議，必成爲當時一大事，想公私之議者必甚夥，苟有人搜集編排，流傳於後，宜塩鐵論之比。惜今已不能盡見，惟崔林、杜恕、傅嘏等三文猶在。邵之考課法已佚，賴此三文，尙得指出若干問題也。

京房、劉邵之考功課吏法，固由本身之未盡美善，亦因其有害豪族之把持政權，反對者多，終至不行。晉書卷三十四杜預傳云：

泰始中，守河南尹，定詔爲黜陟之課，其略曰：魏氏考課，即京房之遺意，其文可謂至密，然由於累細，以違其體，故歷代不能通也。

此言考課法七十二條，「立法累細，歷代不能通」，故未能推行，然必有其他之故焉。司馬光亦以考課法不能行於漢魏之世，實由京房、劉邵之未得其本，犇趨其末故也。其言曰：

唐虞之官，其居位也久，其受任也專，其立法也寬，其責成也遠。是故鯀之治水，九載績用弗成，然後治其罪；禹之治水，九州攸同，四隩既宅，然後賞其功，非若京房、劉邵之法，較其米鹽之課，責其旦夕之效也。事固有名同而實異者，不可不察也。考績非可行於唐虞而不可行於漢魏，由京房、劉邵不得其本，而犇趨其末故也。

此言制度本身失之煩碎，捨本逐末，苟行之不得其法，實有害於政局之安定；況考課之法，明試以功，不察各人之出身，「促使政治上之新陳代謝，大有害於豪族之把持政權」（註五），此杜恕所云：

古之三公，坐而論道，公職大臣，納言補闕，無善不紀，無過不舉，且天下至大，萬機至衆，誠非一明所能遍照，故君為元首，臣作股肱，明一體相須而成也。是以古人稱廊廟之材，非一木之支，帝王之業，非一士之略。由是言之，焉有大臣守職辨課，可以致雍熙者哉？

此以公卿大臣，當立其大者，豈辨課之所能盡。誠如杜恕之意，則考課法亦徒成具文耳。僅列此端，已足說明考課法之不為勢家所喜，而迭遭反對，終未能行之由矣。

且其時司馬氏之勢已成，足與曹氏抗衡，朝臣或擁曹氏，或擁司馬氏，分別之迹漸明。因政治立場之異，自然影響其思想言論。今考其所持之反對意見，實可窺此端倪。按崔林為清河望族，而司馬氏原本河內大族，其政權之取得，實賴豪門世族之擁戴。則崔林之言議多與司馬氏相合，亦不足怪矣。又嘏為司馬氏之黨，本傳載之甚明，其於當時名士，凡有忠於魏者，悉有貶辭；而於依附司馬氏者，則以明智交之，裴松之注稱其「以愛憎為厚薄」，其持論自與司馬氏大同。至於杜恕，以其子杜預為司馬昭妹婿，亦與司馬氏有因緣在也。此三人皆強調人治，隱斥劭議為崇法術之論，如崔林議云：

案周官考課，其文備矣。自康王以下，遂以陵遲，此即考課之法存乎其人也。及漢之季，其失豈在乎佐吏之職不密哉？方今軍旅，或猥或卒，備之以科條，申之以內外，增減無常，固難一也。且萬目不張，舉其綱，衆毛不整，振其領。臯陶仕虞，伊尹臣殷，不仁者遠。五帝三王，未必如一，而各以治亂。易曰：「易簡而天下之理得矣。」太祖隨宜設辟，以遺來今，不患不法古也。以爲今之制度，不爲疏濶，惟在守一勿失而已！若朝臣能任仲山甫之重，式是百辟，則孰敢不肅。

崔林之意，以爲苟不得其人，則法制雖備，亦不過具文而已！此以人治爲根本，重改作，實與司馬氏一派之言議相合。如司馬懿招夏侯玄書云：「審官擇人，除重官，改服制，皆大善，恐此三事，當待賢能而後可耳」；又有請改易制度者，司馬師曰：「不識不知，順帝之則，詩人之美也。三祖典制，所宜遵從，自非軍事，不得妄爲改革」（晉書景紀），可知崔林議同於司馬氏。

杜恕亦以爲用不盡其人，雖才無益，蓋所存非所務，所務非世要，故上疏曰：

語云：世有亂人而無亂法。若使法可專任，則唐虞可不須稷契之佐，殷周無貴伊呂之輔矣。……今之學者，師商韓而上法術，競以儒家爲迂濶，不周世用，此最風俗之流弊，創業者之所致愼也。

法輕人重，溢於言表。良以法爲人所用，人在法上以制法也，苟有其法而無其人，雖有善法，不能善治。

傅嘏難劭論，其意以爲用人既濫，則考課未足以督實。爲政者，不在于術，而在于道，不在于法而在于人，非其道而不得其人，法于何有？其言曰：

夫建官均職，清理民物，所以立本也。循名考實，糾勵成規，所以治末也。本綱未舉而造制未呈，國略不崇而考課是先，懼不足以料賢愚之分，精幽明之理也。昔先王之擇才，必本行于州閭，講道于庠序，行具而謂之賢，道修則謂之能，鄉老獻賢能于王，王拜受之。擧其賢者，出使長之，科其能者，入使治之，此先王收才之義也。方今九州之民，爰及京城，未有六鄉之擧，其選才之職，專任吏部，案品狀則賢才未必當，任簿伐則德行未爲敍。如此則殿最之課，未盡人才，述綜王度，敷贊國式，體深義廣，難得而詳也（註六）。

此以人治爲本，考課爲末也。今考課法專在止奸，略於立本，實申韓之法，非聖王之治。傅嘏又以魏世「選才之職專任吏部」，難得其平。蓋天下之大，吏部尙書何能獨辨，勢必只有根據中正之評論，依格選用。而中正所評論者，又依門閥以定賢愚，計官資以定品格，是九品中正之制又有害於考課之實行矣。夫中正所評者爲品，考課所定者爲狀。品爲履行之善惡，狀是才能之優劣，今以中正所定之品，以第既仕後之狀，其不合理，事之至明（註七）。

傅嘏以爲卲之考課論，雖欲尋前代黜陟之文，然前法已闕，制度流靡，今無成法可循，創制實難；卽杜恕之疏所云：「歷六代而考績之法不著，關七聖而課試之文不垂，其法可粗依，其詳難備擧」者也。況制度隨時制宜，以應政機。以古施今，事雜義殊，難得而通，其所以然者，在「制宜經遠，或不切近，法應實務，不足垂後」（嘏難卲語）。反對之論既堅，考課之制終不克施行，而黜陟陞降乃無標準矣。然可由此反映斯時鄉擧里選之未精當，所得非眞才，故欲以考課法謀補救也。而劉卲本傳云：「會明帝崩，不施行。」則景初之遺規，爽等實不堪承負矣。正始以後魏政之不綱，督責之術不行，要爲主因。使志大才疏之士，躭於晏安之習，竟當大任，其不折足覆餗者，蓋亦鮮矣。向使明帝之終也，得一綜覈名實之相，得行名法之治，黜虛僞，絕浮華。料簡功能，不以好惡，則庶政既肅，人心大和，司馬氏焉得逞其篡逆之心耶？

劉邵人物志之作，或在都官考課法不克施行之後，用以論官人之法，而兩者實相輔而行（註八）。一論人才之登用，一責百官之政績；前者在發掘人才，後者在收取實效，合之則官人之事畢矣。

【附　註】

註一：蔣濟萬機論謂「守成則考功案第，定社稷則拔奇取異」；文心雕龍啓篇云：「魏代名臣，文理迭興……甄毅考課，亦盡情而知治矣」。

註二：人物志效難篇云：「名猶口進，而實從事退」。又曰：「名由衆退，而實從事彰」，以劉邵注意名實相符，故特重考績。

註三：唐氏「九品中正制度試釋」。

註四：顏師古漢書注。

註五：薩孟武先生「中國社會政治史」。

註六：魏志卷二一傳嘏傳。

註七：唐氏「九品中正制度試釋」。

註八：人物志爲知人用人之原理原則，考課論則爲任使後之考核，同具政治實用性。劉邵考課論似以恢復前代黜陟法爲主，或已不合時宜。

第三章　漢魏之際之時代環境

夫思想之成長，必以環境、歷史爲背景，加以一己之深思孰慮，參會有得，非玄思冥想所能至者也。今欲研究劉卲之學說思想，除對其生平事蹟、才情性格作深入瞭解外，於其所處之時代環境，亦當有所認識，此所謂「知人論世」也。

孔才生於漢末，卒於魏正始間，其時兩京焚蕩，中原戰亂，獻帝遷許，文物蕩然，與周室之亂何異？繼而天下三分，互相攻伐，儼若戰國之再現。情勢既大同，學術風氣，自必相近。於是韜韜儒墨、術兼名法，論兵略、談老莊，百家復起，爭鳴於途。孔才生于其間，受濡染激盪，以塑造其說。故人物志之可貴者，正在此書爲正始前學風之代表作品，由茲可窺漢季三國崇尚具體事實，過渡到魏晋間崇尚抽象玄遠之迹。湯氏用彤云：「漢魏之際，中華學術大變，然經術之變爲玄談，非若風雨之驟至，乃漸靡使然」（註一）。茲更明述此遞變之迹如次：

㈠批評風氣之籠罩

今推批評之風，肇自王仲任。仲任論衡之作，取鬼神、陰陽及一切虛言讕語，摧陷廓清；於經史子家之文，莫不澄定，正如「久行荆棘，忽得康衢」（註二）。夫充之敢疑而好辯，固由天才特高，亦出博學兼通之故。以其博通，故能銓輕重之言，立眞僞之平；更能辨是非之理，洞悉然否之分，取古籍中載事之不近理者，頗加鍼砭，其懷疑求眞之精神，實開批評之風氣。後漢書卷七十九王充傳注引袁山松書：

充所作論衡，中土未有傳者，蔡邕入吳始得之，恒秘玩以爲談助。其後王朗爲會稽太守，又得其書，及還許下，時人稱其才進。或曰：「不見異人，當得異書，問之，果以論衡之益，由是遂見傳焉。

王仲任之書，於漢魏之際，卒得流傳，其影響於思想之變遷，必至爲深遠。由王充所帶動之敢疑、敢批評之風氣下，中古思想界乃顯蓬勃氣象。胡適之先生云：

（王充所開之批評精神）在東漢最發達，在學術方面，如張衡之攻擊讖緯；如鄭玄、何休之爭論公羊左氏；以至後來王弼周易注之掃空一切舊說，都是這批評之表現。於政治方面，批評精神表現在許多評論政治之書裡。如王符潛夫論、崔實政論、仲長統昌言，都代表這種精神，太學諸生之危言激論，更是這種政治批評之實例。更奇特者爲這種批評精神，在那時代造成人倫之風氣，人倫即是品評人物高下，分爲等級倫類。……品評即是當時之輿論。……黨錮之禍就是批評政治與批評人物兩項合併成一種偉大政論（註三）。

漢晉思想變局，由王充導其先路，諸子百家之學乃漸復興，新學蔚起，談辯之風日盛，答客難、應譏之作，往返詰難；競設異端，依方辯對。選擧衡之鄉黨淸議，臧否決於名士之「一言論定」。迨朝政日非，天下騷然，匹夫抗憤，處士橫議，激濁揚淸，褒貶執政，人物與政治之批評，夾雜思想之討論，極其談辯之能事。迨至利口巧辭，不論是非之性，不別曲直之理，異議殊論，反足以淆亂視聽，流弊溢甚矣。劉邵生當談辯風熾之時，睹士人之恣談縱辯，未能釋事之本、明事之理，思有以救之，故爲立言正名，指示論辯之理途。吾人欲明瞭漢魏學術思潮之變局，焉可不明此批評風氣之籠罩乎？

(二) 自覺意識之潛長

東漢中葉以後，士大夫集團在與外戚宦官周旋抗爭之中，激發自覺意識，此種個體獨立精神之自覺，實足以促使思想之解放與精神之自由（註四）。

良由東漢以來，士子以名節自勵，言行求爲時則世範。且懷抱澄清天下之志，睹時政之腐敗，閹寺之當道，遂乃起而抗議之，此輩自成清流集團。以其理想抱負相同，故互爲聲援，號稱「同志」。譏揣愈烈，尤隙愈深，至是而清濁二流有不可踰越之鴻溝，形成涇渭分明之勢矣。

夫自覺意識又可由斯時對名士領袖之仰慕與推崇見之。後漢書卷九十八郭泰傳云：

郭泰字林宗……後歸鄉里，衣冠諸儒送至河上，車數千兩，林宗唯與李膺同舟而濟。衆賓望之，以爲神仙焉。……嘗於陳梁間行，遇雨，巾一角墊，時人乃故折巾一角，以爲林宗巾。其見慕皆如此。

其於送迎之際，冠蓋塡門，盛狀可知。而士流之互相題拂標榜，乃有三君、八俊、八顧、八及、八廚諸名目，皆足說明自覺之意識也。於時士大夫除自成清流大集團外，又有地域別之小集團、各以其地域自矜，而較其優劣。若陳群之與孔融論汝潁人物優劣，足以顯示地域之分化。今全後漢文卷八十三收孔融汝穎優劣論一文云：

> 融以汝南士勝穎川士。陳長文難曰：頗有蕪菁，唐突人參也。融答之曰：汝南戴子高，親止千乘萬騎，與光武皇帝共揖于道中；穎川士雖抗節，未有頡頏天子者也。汝南許子伯與其友人共說世俗將壞，因夜起舉聲號哭，穎川士雖頗憂時，未有能哭世者也。汝南許掾教太守鄧晨圖開稻陂，灌數萬頃，累世獲其功，夜有火光之瑞；韓元長雖好地理，未有成功見效如許掾者也。汝南張元伯身死之後見夢范巨卿，穎川雖有奇異，未有神鬼能靈者也。汝南應世叔讀書五行俱下，穎川士雖多聰明，未有能離婁並照者也。汝南李洪爲太尉掾，弟殺人當死，洪自劾詣閤，乞代弟命，便飲酖而死，弟用得全，穎川士雖尚節義，未有能殺身成仁如洪者也。汝南翟子威爲東郡太守，始舉義兵，以討王莽，穎川士雖疾惡，未有能破家爲國者也。汝南袁公著爲甲科郎，上書欲治梁冀，穎川士雖慕忠讜，未有能投命直言者也。

以頡頏天子、憂世哭世、殺身成仁、破家爲國、投命直言爲高，可窺斯時士氣高漲，多有入世擔道之精神。及後，漸以名行相高，故有深鎖門墻、臥託養疾、不妄通賓客，以自高身價者，而世族與寒門之對峙亦自然演成矣。由上可知在自覺意識下，嚴分清濁之流，較量地域之優劣，及矜持門第之高下等。人我之對立愈顯，自覺意識愈强，而不與其他個體相同之意識愈烈。以是其言行，務求絕出流輩，獨立家表，各絕智盡慮以顯一己之超卓。此後漢書獨行傳之所由立也。獨行傳序曰：

> 而情迹殊雜，難爲條品，片辭特趣，不足區別。措之則事或有遺，載之則貫序無統，以其名體雖殊，而操行俱絕，故總爲獨行篇焉。

若范冉之違時絕俗，爲激詭之行；禰衡之氣尚剛傲，好矯時慢物等，各標奇以立異。而最終目的，無非邀名耳。則凡行事之可以致高名者行之，雖死而無憾焉。後漢書黨錮傳范滂傳載其母之言曰：

汝今得與李、杜齊名。死而何恨？既有令名，復求壽考，可兼得乎？

此黨錮之禍時，多有自請入黨籍者，溯其出入，實在揚名弄譽而已，由競尚高名，一世之人皆馳逐以求而莫之止。夫名之所由建，當由言行，於是放言奇行，以求個體之顯露，自我之發舒。而人物之個性發展，愈發多姿多彩。此英雄、名士、文士、逸民、孝友等傳之雜出漢魏六代之間也。人物之評論，亦在此時，發展成爲專門之學矣。

(三)名法思想之躍興

夫治平貴德行，有事賞功能；漢末陵遲，紀綱縱弛，外戚專權，宦豎竊柄，有識者對儒家治道因有懷疑。以爲撥亂反正，非雜法家霸術不爲功，此乃「視俗施教，察失立防，更興盛德，迭用文武」也。於是漢末至魏初，名法思想躍興，而名法學之著作紛紛出現，若王符潛夫論、崔實政論、仲長統昌言、徐幹中論、劉廙政論、桓範世要論等，皆自覺逐名邀譽、朋黨標榜所演成之虛僞不實風氣，實應抑阻之，而思以循名核實之法，澄清此弊。此皆綜合名法，以研究名實關係之論也。至其被重視，則由統治者之現實政治要求。於此名、法之治下，學者紛紛「師商、韓而尚法術」。然若推其理論基礎，則咸以綜覈名實爲中心，劉卲人物志正爲反映斯時考核名實，品類人物之名法思想中，最有系統之著作。

鑒於漢季政令垢翫，人庶巧僞之弊，崔實首懷疑政治思想之不合宜，其言曰：

且濟時振世之術，豈必體堯蹈舜然後乃治哉？期於補綻決壞，枝柱邪傾，隨形裁割，取時君所能行，措斯世於安寧之域而已！故聖人執權，遭時定制，步驟之差，各有云施，不強人以不能，背所急而慕所聞也。……今既不能純法八世，故宜參以霸政，則宜重賞深罰以御之，明著法術以檢之。

崔氏以「為國之道，有似理身，平則致養，疾則攻焉。夫刑罰者治亂之藥石也，德教者興平之粱肉也。」故以德教除殘，是以粱肉理疾也；以刑罰理平，是以藥石供養也。崔實政論指切時要，明於政體。其特色即以儒術不適於當代之政治，而思以法家之嚴刑峻罰代之也。

仲長統之思想差近崔氏，著有昌言，其基本思想亦在「時勢不同，所用之數，亦宜異也」一語。凡「作有利於時，制有便於物者，可為也」。是以在「革命之期運，非征伐不能定其業；姦宄之成群，非嚴刑峻法則不能破其黨」。建安時代既是革命征伐，奸宄成群之時代，自當捨德教而用刑法矣。亦即魏武所言：「撥亂之政，以刑為先」之意也。至於昌言損益篇所云：「表德行以勵風俗，覈才藝以敘官宜，信賞罰以驗懲勸」，與王符潛夫論：「有號則必稱於典，名理者必效於實，則官無廢職，位無非人。」及徐幹中論所云：「名者所以名實也，實立而名從之，非名立而實從之也。」皆鑑於漢季品藻之乖濫，名實之不符，思有以救之。劉卲受此風潮激盪，而有檢形定名，量材授官之論著。

于斯時能紹繼儒家正統者，當推荀悅，然悅之思想表現於申鑒中，亦多法家之功利思想也。如政體篇云：「賞罰、政之柄也。明賞必罰，審信慎令，賞以勸善，罰以懲惡。」夫政之大經為法教固矣，如何施行法教耶？荀悅則曰：

政治之術，先屏四患，乃崇五教。四患者，偽、私、放、奢。偽亂俗，私壞法，放越軌，奢敗制。

四者不除，則政末由行矣。五政者：興農桑以養其生，審好惡以正其俗，宣文教以章其化，立武備以秉其威，明賞罰以統其法(註五)。

苟悅受當時實際政治之影響，深知法律對維持社會秩序具有實功，故主張明賞必罰。其言曰：「賞不勸謂之止善，惡不懲謂之縱惡，在上者能不止下為善、縱下為惡，則國治矣」。其重視法治，不亦明乎？

又徐幹中論，雖本儒家立言，然未嘗忽視法之作用，故謂賞罰為「政之大綱」(賞罰篇)，人君明乎賞罰之道則為治不難矣。而賞罰不在乎必重而在乎必行，人情莫不惡罰好賞，因人情之好惡而臨之以必行之賞罰，則國可治矣。反之，「當賞者不賞，則為善者失其本望，而疑其所行；當罰者不罰，則為惡者輕其國法，而怙其所守矣」。故為治在使賞罰分明、迅捷，乃能奏功，此皆矯時之失也。觀吾國政治思想史，每當儒家政治之弊已顯，必由法家思想起而矯之。魏武秉權，其政治正為東漢末年法家政治思想之實現也。

操為鞏固政權，加強統治；壓抑豪族，消泯分裂之局，故發展為曹魏名法之治。其所施行之政策，自然促使當時學術不得不變。綜其一生，始終以法、術治國，斥浮華、申法令，務使賞罰必行。其庚申令云：「未聞無能之人，不鬥之士，並受祿賞，而可立功興國者也。故明君不官無功之臣，不賞不戰之士，治平尚德行，有事賞功能」，此皆法家精義也。建安十年，令民「不得復私讎、禁厚葬，皆一之於法」。至其量才授職，各因其器；知人善察，難眩以偽；誅賞守法而不任情，故於刑殺，雖親戚故舊，亦無苟容。良以亂世，非法家之立憲垂則，禁制姦暴，不足以因應也。魏武能見時政之癥結，把握重點，不惜鄙棄數百年之傳統道德觀念，而重刑任法，一以名實為歸。頓使「家家思亂、人人自危」之世，聞「曹公法令嚴、民厭亂矣」（魏志邢顒傳），則操可謂識時務之英雄也（註六）。而英雄能成大業，未足臻太平，此又有所限矣。魏初思想亦沿崇名務實之風，最顯明者爲斬除阿黨比周，斥退浮華交游。明帝且詔使劉劭作都官考課法，以考內外衆官，皆名、法思想之表現也。湯氏用彤云：

> 魏初，一方承東都之習尚，而好正名分，評人物；一方因魏帝之好法術；注重典制，精刑律，蓋均以綜核名實爲歸，名士所究心者爲政治人倫，著書關於朝廷社會之實事，或尚論往昔之政事人物，以爲今日之龜鑑，其中不無原理（註七）。

劉劭人物志之精析性行，序別官材，與百官考課法之督責責效，乃相輔而行者，由此可推知名法之學與用人行政之關係，及人物志被列入名家之因緣。其時又喜論刑律，劉劭曾著法論、訂魏新律十八篇，以刑名爲首篇，此皆明見本傳。另由當時盛行「肉刑」之議，亦可窺名法躍興之端也，同時可知重功利、任法治、求實效之時代精神，與夫需求安定之迫切也。

際茲名法與功利主義顯著之時代，任何人皆未能脫離此風之影響。故鍾繇、陳群主法、術合一；任嘏道論，嚴可均全三國文輯十條，亦爲論政治人才之書，實屬刑名家言。桓範世要論，法家意味亦甚濃厚。鍾會本傳言會著書名道論，而實刑名家言。傅嘏、荀粲多精通刑名、法律之學。而最著者，當推劉廙。魏志卷二十一劉廙傳稱「廙著書數十篇，及與丁儀共論刑禮，皆傳於世」。又據吳志卷一十三陸遜傳，亦稱劉廙主「先刑後禮」之論，可證其爲法家，推其主要思想，亦在綜核名實。正名篇云：「夫名不正，則其事錯矣，物無制，則其用淫矣。錯則無以知其實，淫則無以禁其非。故王者必正名以督其實、制物以息其非。名其何以正之哉？曰行不美則名不得稱，稱必實其所以然，效其所以成，故實無不稱於名，名無不當於實也」。厥鑒於朋黨之相譽，與論之不足恃，故主張執政者宜運用自己之智力以行法，而不可訪臣下之得失於衆人，免爲人蒙蔽，此蓋申韓家言也。

時勢所趨，吳蜀之主政者，亦行法治之術。三國志諸葛亮傳稱亮「科教嚴明，賞罰必信，無惡不懲，無善不顯。至於吏不容奸、人懷自厲、道不拾遺、彊不侵弱，風化肅然也」，其於「盡忠益時者，雖讎必賞；犯法怠慢者，雖親必罰；服罪輸情者，雖重必釋，游辭巧飾者，雖輕必戮。善無微而不賞，惡無纖而不貶，庶事精練，物理其本，循名責實，虛僞不齒」（陳壽評語），其斥浮僞巧飾，務崇法以任實，彰明較著。蓋亂世人心浮動，行督責之術，乃時勢所需，非故爲嚴峻也。劉卲之將法術與道德並列，足證其重名法之色彩。

(四)唯才主義之要求

漢季，群雄盤踞，曹操幷用法術，收天下之英雄，用度外之才智，藉衆力以成事，賴群材以建功。故於建安十五年春令唯才是舉，又於十九年冬，二十二年秋明令舉用有治國用兵之術者（註八）。明揭重才輕行，遂開拔奇之津。良由社會過重道德名教，忽略能力之培養，道德既與能力脫節，故「有行之士，未必能進取；進取之士，未必能有行也」。於是才能與操行是否一致，其間關係之倚輕倚重、合同離異，實值得深究。而時值亂世，人思平治，撥亂反正，用高行者乎？用高才者乎？以是才性之論，成言家口實，其著述必甚富。然現存最精密之討論才性關係理論者，當推劉卲人物志一書。夫官人之事爲執政之首務，而欲獲得眞才，必愼掄鑒，識才德。而人物精微，變化莫狀，欲剖判善惡，分別賢愚，實非易事。劉卲人物志之作，正在解決政治上鑒識人才的問題也。以其隨著「用人唯才」之需要下，揭示原理原則，作爲掄擇之新標準。其重要性，在於發掘人才外，更求如何善用之。錢穆先生云：「世道否塞，終需要物色人才來扭轉此局面。劉卲人物志，並非站在私人立場著想，而是站在政府立場著想。他的意態是積極的，非消極的。因此他衡評人物，一講德性，一重才能，務求二者兼顧。換言之：衡評人物，不能不顧到其對當時人群所能貢獻之功利一方面。若要顧到人群功利，卽需講才智。若無才智，如何能在此社會上爲人群建立起功利？故劉卲人物志極重人之才智……而他書裡，也並未提到隱淪一流」（註九），劉卲人物志重才智之特點，由此被點明。依是，則都官考課法之實際意義，亦在配合此用人唯才、使才以法之制度，而爲任用之後，予以考覈之政策也。

(五)政局黑暗之反響

東漢士大夫敢於批評時政，攻擊朝宦，其所堅持者爲名教是非，故具有入世擔道之精神。至其抗論昏俗，馳驅危阨，更有激濁揚清，輔翼時政之建設性功效。然因氣焰過高，「危言深論，不隱豪强」，使「公卿以下莫不畏其貶議，屣履到門」（註十），給予政府莫大之威脅。况其彼此標榜，互相揄揚，趨浮華、合虛譽，爭訟議論，門宗成仇，更爲當政者所不堪，此正所謂「主勢降乎上，私黨成於下」，務名背實，秉權者首應嚴予裁抑者，故有黨錮之禍，士子或遭廢禁，或遭夷滅。禍亂相尋，睚眦相陷，其間抗節而遭廢禁死徙者，多一時英傑。影響所及，一方爲淸議之轉向，捨具體人物任用當否之評議，變爲抽象學理之討論，劉卲人物志、鍾會才性四本論，乃此淸議變相之最著者。另一方面，爲遯隱韜晦思想之漸興。後漢書卷七十八應奉傳云：

> 及黨事起，奉乃慨然目疾自退，追愍屈原，因以自傷，著感騷三十篇，數十萬言。

郭泰聞黨人之死，私為之慟，自是不為危言覈論，故能處濁世而怨禍不及焉。於時紀綱陵遲，禮樂崩壞，雄戰虎爭，以戰陣為務，故士多退身窮處，託疾隱居，晦藏保身之思想，彌漫於漢季。又魏武狡獪多忌，諸將有計劃勝出己者，隨以法誅之，及故人舊怨亦皆無餘。魏志卷十二崔琰傳云：

> 初太祖性忌，有所不堪者，魯國孔融，南陽許攸、婁圭，皆以恃舊不虔見誅。而琰最為世所痛惜，至今冤之。

及丕立為太子，操慮終始之變，故於陳思王植之賓客，多見誅廢，雖才高名盛若楊修、丁儀兄弟，亦先後被誅。且行撥亂之政，崇任刑名法術，持法峻刻。視橫議如蛇蠍，目清流為浮華，故屢興巨案，以鉗天下，使士困於庭，衣冠不安，而跅弛當道，權詐迭進，姦逆萌生，變逆叠起；曹氏與司馬歷世猜忌，朝政愈不可為。劉邵生當斯世，目睹當時名士，若孔融、禰衡、邊讓等，因敢與當權者抗爭，而遭不測，故人物志危言深論，並特立釋爭篇於末，勉人當睹爭途之名險，而退讓釋爭，乘高於玄路。明哲保身之道，於老氏「夫唯不爭，故天下莫能與之爭」之遺意，不可不知也。其後政治迫害愈烈，莊老思想愈顯，而人物品題之興味，亦轉至談姿笑貌、儀容格局之末節欣賞矣（註十一）。

綜上所述，可推知漢魏之際，政治環境影響學術思想之深切著明也。自東京以降，章句漸疏，崇尚博學，激發敢疑之風氣；而士氣高張，在與外戚宦官之周旋抗爭中，自覺意識潛滋默長。且變亂之際，賴英雄以創大業，故處心積慮以網羅人才，因政治上有「用人唯才」「使才以法」之政策，故於學理上有考核名實之理論。及政局愈昏，名士罕有全者，故退讓含辱之思漸流行。苟欲自全，唯有避忿肆，遠爭途耳。由漢末思想之轉變，至正始名士之言行，其間思想之脈絡，由茲可尋矣。

【附　註】

註一：湯用彤「魏晉玄學論稿」。

註二：黃侃「漢唐玄學論」。

註三：「中國中古思想小史」。

註四：余英時先生「漢晉之際士之新自覺與新思潮」一文，以士之群體、個體自覺爲一貫之線索，來解釋漢晉間之思想變遷。

註五：荀悅「申鑒政體篇」。

註六：三國志武帝紀評曰：「漢末天下大亂，雄豪並起。太祖運籌演謀，鞭撻宇內，擥申商之法術，該韓白之奇策」。又諸葛亮傳言亮嘗爲後主寫申韓管子六韜，以爲輔導。

註七：湯用彤「讀人物志」。

註八：魏武求才三令，明言祇要懷異質，堪爲將守者，即使負汚辱之名，見笑之行，或不仁不孝，亦在薦拔之列，此跅弛之士之所以願於仕途也。

註九：錢穆先生「略述劉邵人物志」。

註十：後漢書黨錮傳序。

註十一：唐長孺「魏晉玄學之形成及其發展」中云：「初期名理學家……與法家相近，一到稍後，便轉入道家。這是由於兩重原因：其一是理論本身的發展……追求名理最後必然要歸宿到無名。……其二是由於現實政治的發展……於是從綜核名實轉向提倡無爲」。

第四章　魏晉名理與人物志之思想歸屬問題

湯氏用彤云：「人物志雖非純論原理之書，然已是取漢代識鑒之事，而總論其理則也。因其亦總論理則，故可稱爲刑名家言」(註一)，湯氏允肯之論，乃眞見斯時學術思想之偏重政治人事故也。觀此期屬名家之著作，大抵皆在辨析人物內在與外用之關係及識鑒之理則，及人君須有知人之明以量才授官與夫設官分職之恰如其分上。本文旨在探討人物志之列入名家，究與魏晉名理有何因緣，固不得不捨其他雜說，而專力於「緣何有名」上也。

按人物志三卷，自隋志以下，率著錄於名家。至宋阮逸人物志序云：「予好閱古書，於史部中，得劉邵人物志十二篇，極數萬言。」又清李慈銘越縵堂讀書記入歷史類傳記門，補修邯鄲縣志著述志亦以人物志入史部，此或由書名之誤解，以爲人物志乃史部傳紀類之屬，然亦以此書乃品鑑人物之理則也。而四庫提要卷一一七，子部雜家類列人物志三卷，言：「邵書十二篇，首尾完具……其書主於論辯人才……蓋其學雖近乎名家，其理則弗乖於儒者也」，四庫于著書立說，其論事而參利害，不純爲儒家言者，均附於雜家雜學類。

按漢志云：「雜家者流蓋出於議官，兼儒墨，合名法，知國體之有此」。清江瑔讀子巵言因言雜家之宗旨在「對於國家政治爲之剖辨是非，臧否人物，身居草野而操言論督導之權者也。……然國政不一，關係至鉅，議之少有不當，貽誤將不可勝言，故爲雜家學者必集合諸家之所長而後能之。……」是雜者非駁雜不純之謂也。江氏以爲自漢以後，凡「推論於政治敎化之大而闡發其得失利害之故者」，均當入諸雜家，如陸賈新語、劉向新序、說苑、桓寬鹽鐵論，王充論衡、王符潛夫論、仲長統昌言、荀悅申鑒、徐幹中論、劉邵人物志等。又以其於儒、墨、名、法各有所偏重，故班志後之學者，以該書所陳多涉儒家言卽入儒家，若王符潛夫論。偏重名家言則入名家，若劉邵人物志。舉此以闡明人物志之入雜家，非其駁雜不純也。夫孔才之生於漢末亂離之際，群龍割據之時，學術風氣較爲自由，諸子之學乃得以復興。然因此期知識份子，未能明確建立價値觀念，故對先秦各學派所代表之意義亦不深知，而多混雜擷取（註二）。今觀人物志，其辨析人性，依據陰陽之理，分剛柔二類；又依據五行之說，細分五質，更以五常與五德相配，此乃沿漢代陰陽五行之宇宙論間架也；至其强調考課督責，法術不可偏廢，英雄能成大業等，又本法家立說；至其兼取道家之旨，以爲立身之道及人君之德之依據，言處世立身當以卑弱遜讓爲尙，追遜玄曠爲貴；人君之德聰明平淡，垂拱而治等，則契實於老氏之說可知也。由人物志一書，實可窺見斯時學術雜糅之狀。然劉氏之吸納諸家所長，以鎔鑄爲識鑒學之佳構，其意本在「推論政治敎化之大而闡發其得失利害之故」，則其雜而有統，此豈茫無旨歸者可比哉？

清張之洞書目答問卷三，又以人物志三卷入儒家類，此或本四庫提要所言「其學雖近乎名家，其理則弗乖於儒者」之意而入諸儒家者耶？按劉邵人物志之作，自謂乃依聖人之訓，其序曰：

是故仲尼不試，無所援升。猶序門人以爲四科，泛論衆材以辨三等。又歎中庸以殊聖人之德，尙德以勸庶幾之論，訓六蔽以戒偏材之失，思狂狷以通拘抗之材，疾悾悾而無信，以明僞似之難保。又曰：察其所安，觀其所由，以知居止之行。……是以敢依聖訓，志序人物。其序列人物，以中庸、德行、偏材三度比孔子所言上智、中資、下愚三等，拘抗二型通孔子所謂狂狷；依似比孔子所斥之悾悾無信之人。此固由儒學獨尊後，其學深入人心，故立論不得不本儒家言也。準乎此，則其所論，實出於虞書教胄、文王官人之學也。其名實觀念，乃本儒家「定尊卑、正名分」之基本倫理思想，進而提出「建倫常，設百官」之說者；其八觀篇云：「夫仁者，德之基也；義者，德之節也；禮者，德之文也；信者，德之固也；智者，德之帥也」，其強調道德可知。至其主張制禮作樂，以移風俗，晚年執經講學，是儼然正統儒者風範，則其入儒家，亦有由矣。特其所謂儒，乃具有荀卿、韓非風致之法儒耳。蓋追溯學術傳承之迹，則儒家原有二傳，至漢以後，名雖爲昌明孔學，實則所傳者僅荀學一支派耳。是兩漢儒家諸子，類皆出入於荀子與申韓之間，此旨特爲熊師翰叔所暢發，並言荀派之儒乃齊教義外之儒，其學參以禮法，兩漢謀子自陸賈以下，因皆所謂齊教義外之儒，其思想固已不純乎孔氏矣。

夫思想之成長，與環境歷史，俱有密切關係，無不前承後啓，交通互補，相反相成，情形至爲複雜，原難指爲某家之純。後世爲便於學術之研究討論，於典籍之整理，每各出己見，自定標準，以是有宗派家數之歸類。而此分類，既出主觀，所分門類乃不盡同，故不容過泥，斷斷於某家某類也。則人物志之歸屬，除誤入史部毋論外，其或入名家，或入雜家，或入儒家，皆各有其因緣，而盡有其不同矣。以下更詳述其入名家之歷史與實質因緣：

按隋志卷三十四子部名家類所著錄之書有下列四種：

1. 鄧析子一卷（析，鄭大夫）。
2. 尹文子二卷（尹文，周之處士，遊齊稷下）。

以上二種三卷，爲先秦古籍。

3. 士操一卷（魏文帝撰）。
4. 人物志三卷（劉卲撰）。

在魏文帝撰「士操」項下，並註明梁有：

1. 刑聲論一卷。亡。（撰者不詳）

在劉卲撰「人物志」三卷項下，並註明梁有：

2. 士緯新書一卷。（姚信撰）
3. 姚氏新書二卷。與士緯相似（當亦姚信撰）
4. 九州人士論一卷。（魏司空盧毓撰）
5. 通古人論一卷。亡。（撰者不明）

以上七種十九卷，合先秦二種三卷，共九種廿二卷，與廣弘明集所載梁阮孝緒七錄名家類著錄者相合（惟卷數題爲廿三卷，當爲誤字），然則劉卲人物志之屬名家，至少在梁代卽然。上列魏晉名家，除人物志尚存外，並皆亡佚。淸馬國翰於太平御覽、藝文類聚等類書中輯得姚信士緯佚文十數條，由佚文之內容觀之，亦品論人物才性之作，類同於人物志，茲就輯文與人物志參觀比照之：

(一)稟陰陽以立性，體五行而著形（材質稽諸五行說）

『孔文擧金性太多，木性不足，背陰向陽，雄倬孤立。』

所說與人物志九徵篇立論極似。九徵篇云：

稟陰陽以立性，體五行而著形……明白之士，達動之機，而暗於玄慮；玄慮之人，識靜之原，而困於速捷。……量其材質，稽諸五物，五物之徵，亦各著於厥體矣。其在體也，木骨、金筋、火氣、土肌、水血，五物之實，各有所濟，是故骨植而柔者，謂之弘毅，弘毅也者，仁之質也。……筋勁而精者，謂之勇敢，勇敢也者，義之決也。五常之別，列爲五德，是故溫直而擾毅，木之德也；剛塞而弘毅，金之德也。

陽性者剛，剛則勵然抗奮於進趨之塗，其性勇敢決斷，屬金之德，金能斷割，爲義之決；反之，陰性者柔，柔則屯然無爲，安於沈靜。其性溫直順讓，屬木之德。孔融金性太多，木性不足，則其性陽剛弘毅，勇於進趨可知，故言其「雄倬孤立」。劉、姚二人之說，可謂一致矣。時又有任嘏者，作道論十卷，今已佚。意林卷五引一條曰：「木氣人勇、金氣人剛、火氣人强而燥、土氣人智而寬、水氣人急而賊。」其說與人物志有不同者，茲不具論。

(二)人性推移，其成有異

『凡水溫則成湯，寒則成氷，氷湯異氣而水性猶同。蠶能投練，匪湯不綿，人性推移，蓋此比也。』

人性本無差異，皆本元一之氣，及下委爲材，則有賢愚、善惡、才與不才之分。此論點與劉卲實同。

(三)良材待識者之發掘與善用

『若使南海無採珠之民，崑山無破玉之工，則明珠不御於椒室，美玉不佩于桂宮。』又云：

『絲俱生於蠶，銅等出於石，作繪則賤，作錦則貴，鑄鈴則小，鑄鐘則大。』

良材當遇知己始能識眞，而知己難遇，當値明王之提拔，始得一展鴻才。此則同於人物志八觀、效難篇之論旨。又用人當取長盡能，皆與劉卲之論點相同。

他若論聖人之標準云：「聖人高不可極，深不可測，窮神知化，獨見先識，仁若春陽，信若影響。」則與劉卲論聖人中庸者「聰明平淡，總達衆材」、「調成五材，變化應節」……之人格形態大同。又論及淸高之士、平議之士；品評吳季札、楊雄、孟軻、周勃、霍光、陳蕃、李膺等，則亦品論人物之作也。

至於盧毓九州人士論，當亦廣論天下人物之著。魏志卷二十二盧毓傳云：「毓於人及選擧，先擧性行，而後言才。黃門李豐嘗以問毓。毓曰：才所以爲善也，故大才成大善，小才成小善。今稱之有才而不能爲善，是才不中器也。豐等服其言。」則盧毓亦注重人之才性。盧毓以性爲操行，才爲才能，性以輔才，才以成性，而以操行爲重。並主張行考課法，以驗眞僞。曾言：「名不足以致異人，而可以得常士……今考績之法廢，而以毀譽相進退，故眞僞混雜，虛實相蒙。」明帝納其言，詔散騎常侍劉卲作考課法。時毓爲吏部尚書，所擧皆以操行見稱，如管寧、崔林、常林，皆一時之儁，是盧毓亦長於識鑒之事也！

若乃魏文帝士操，疑即隋志史部著錄之海內士品，蓋丕父操，父諱，故當爲士品。按文帝論文重氣，士之氣質每影響其文品，觀其書名，知其爲品鑑士人之作。又刑聲論或即就形與聲以甄別人物，所歸納之原理，今已亡佚，未便臆測；通古人論，想亦爲綜論古人之作，今並亡佚。

由上述魏初名家著作，率皆品評人物者，與「人物志」類同。其與先秦名家之注重邏輯理趣，純爲思辯而思辯者異趣。理論實質既不相屬，而同入名家，則其溝通之迹，不可不先究明也：

漢所稱之名家，若惠施、公孫龍、鄧析、桓團之流，以其善於辯論，當時稱之爲「辯者」。莊子天下篇云：

惠施以此爲大觀於天下，而曉辯者；天下之辯者，相與樂之。

又謂：

桓團、公孫龍，辯者之徒；飾人之心，易人之意，能勝人之口，不能服人之心。

荀子非十二子篇亦謂：

不法先王，不是禮義，而好治怪說，玩琦辭；甚察而不惠，辯而無用，多事而寡功，不可以爲治綱紀。然而其持之有故，其言之成理，足以欺惑愚衆，是惠施鄧析也。

辯者之說，多作純理之分析，邏輯之思辯，如時空分割之非實有，大小同異之非絕對等認知概念。其長在明同異之處，察名實之理。公孫龍子謂：

名，實謂也。知此之非此也，知此之不在此也，則不謂也。知彼之不在彼也，則不謂也。

又謂：

以其所正，正其所不正；以其所不正，疑其所正。其正者，正其所實也；正其所實者，正其名也。

及其弊也，則流爲詭辯。此莊子所譏「駘蕩而不得，逐萬物而不返，是窮響以聲，形與影競走」者也（天下篇）。至西漢司馬談作六家要旨，所稱之名家，已與政治禮法上之名實問題相綰結：

名家苛察繳繞，使人不得反其意，專決於名，而失人情。故曰：使人儉而善失眞。若夫控名責實，參伍不失，此不可不察也。

班固漢書藝文志本之云：

名家者流，蓋出於禮官。古者名位不同，禮亦異數，孔子曰：「必也正名乎！名不正則言不順，言不順則事不成」，此其所長也。及訐者爲之，則苟鉤鈲析亂而已。

此由「名位名分」之意了解名，實與先秦有悖。按先秦諸子於「名」之認識各異，若老子之無名之說，孔子之正名之論，申商之尙刑名，至於純名家，則以純思辯之旨趣爲特色。以其歸於純粹思考，而有否定感覺經驗之趨勢；又因其就知識問題本身進行思辯，遠離實際，而被視爲無用，此其爲時人所詬病之主因也。今人勞思光因謂：

先秦言名者，基本上不外兩大派，一派以道德旨趣及政治旨趣爲主；另一派以形上學旨趣及邏輯旨趣爲主。孔子之言「正名」，基本上表示道德旨趣，但因此種觀點涉及職分觀念，故由此亦引出政治旨趣。另一面道家言無名，有名，以名爲符號指謂，而又認爲「名」是一種限定；故極論道之無名，以明道之無限性。此基本上表示形上學旨趣，但因既以名爲限定意義之符號，故由此亦引出邏輯旨趣（註三）。

茲以簡表示之：

名
- 道德旨趣—孔、孟（儒家）—正名位（禮）、序尊卑
- 政治旨趣—韓非（法家）—刑名、名實
- 形上旨趣—老、莊（道家）—無名、有名
- 邏輯旨趣—惠施、公孫龍（名家）—符號

前云兩漢諸子皆出入於荀子與申韓之間，故所識之名，亦僅政治旨趣方面之名實、形名意，與夫孔子正名觀念爲總冒。故自漢後，凡述名家，皆緣於政治禮法而起之名實觀念也。此從漢志以名家實出於禮官，又直引孔子論「正名」之語以評之可證也。即隋志論名家，亦沿此矩矱。隋志名家小序云：

名者，所以正百物，敍尊卑，列貴賤，各控名而責實，無相僭濫者也。春秋傳曰：古者名位不同，節文異數。孔子曰：名不正則言不順，言不順則事不成。周官宗伯以九儀之命，正邦國之位，辨其名物之類是也。拘者爲之，則苛察繳繞，滯於析辭，而失大體。

此皆取名之實踐意，而漸捨其理論意矣。二者雖具獨立自足之意義，却未得中國名家之全。牟宗三先生云：「光祗是政治禮法，不是中國之名家；光祗是知，亦不是中國之名家。必須兩頭通，而以政治禮法方面之名實爲籠罩之氣氛，以知識方面之名實爲經綸於其中之泛智之照察。從政治禮法方面之名實說，有鄭重嚴肅之意義；從知方面之名實說，亦有俊逸之意義」。緣名實觀念之傳統，漢魏之際，政論家特重名實相符問題；又因魏武好法術，天下貴刑名，此由研究名實出發之學問，即是「名理學」。名理家

即以名辯方法，考察名與實之關係，作為推行政治上正名與循名核實之張本也。今人唐氏於魏晉玄學之形成及其發展一章中曾論及此，其意以為名理即刑名或形名之學，其目標乃企圖在原則上決定選舉與職位之配合標準。今推「名理」一詞，首見於王符潛夫論考績篇，其言曰：

有號則必稱于典，名理者必效于實，則官無廢職，位無非人。

又意林引物理論曰：

國典之墜，由位喪也。位之不建，名理廢也。

此檢覈名實意之名理，皆針對漢末選舉失實，造成名器乖濫之結果而發也。若崔實政論，仲長統昌言，徐幹中論，王符潛夫論，劉廙正名篇等，其所立論，皆以崇名核實為骨幹。然此「名理」意，與魏晉流行之「名理」意又不同。按魏晉之名理意，首見於三國志荀粲傳謂「傅嘏善名理」；而傅嘏傳謂：「嘏常論才性同異，鍾會集而論之」，又鍾會傳謂其「博學精練名理」，又本傳注引魏志曰：「會論才性同異，傳於世」。故文心雕龍論說篇云：「魏之初霸，術兼名、法，傅嘏、王粲，校練名理。」魏晉清談家之所談，多辨名析理之論也。故唐君毅先生云：「名理之論，必須以辨理意之相同異，相有無之關係為主」(註四)，則名理本身，必帶有技術性。太平御覽卷五九五李充翰林論云：「研至名理，論貴於允理，不求支離」，一則要自立其說，能攻人，亦能防人來攻，故重邏輯理路，講求論難技巧；而最重要者，在標出一有「名」之「理」，若才性四本、三理，為當時之勝理，成「言家口實，若客至之有設」(註五)。宋書卷六十四鄭鮮之傳載鮮之滕羨議之：「自非名理，何緣多其往復」，名理之有「名」，必有其理，往返詰難，愈能使名理顯豁，名辯之方法，即其特色矣。

則劉邵人物志之作，其入「名家」，實緣於斯時有「名理」一詞也。尹文子謂名有三科：「一曰命物之名，方圓黑白是也。二曰毀譽之名，善惡貴賤是也。三曰況謂之名，賢愚愛憎是也」，其第二、第三科，與人物之褒貶有關，則其入名家實有由矣。蓋此書直探人性之幾微，又類別人才、人業，取分數精比之方法，故名家口吻時時流露於其間，材能篇云：

或曰：人材有能大而不能小，猶函牛之鼎不可以烹雞，愚以爲此非名也。夫能之爲言，已定之稱，豈有能大而不能小乎？其語出於性有寬急。性有寬急，故宜有大小。寬弘之人，宜爲郡國，使下得施其功，而總成其事，急小之人，宜理百里，使事辦於己。然則，郡之與縣，異體之大小者也，以實理寬急論辦之，則當言大小異宜，不當言能大不能小也。若夫雞之與牛，亦異體之小大也，故鼎亦宜有大小，若以烹犢，則豈不能烹雞乎？故能治大郡，則亦能治小郡矣。推此論之，人材各有所宜，非獨大小之謂也。

在使用一名詞前，先使此名詞之意義精確，而後可談，此全是名家式之論辯也。以人材宜適之辨，要在辯明「能」之爲名。既名之爲「能」，則只能大能小，方符其「能」之名；若言能大而不能小，即不足以言「能」矣！故謂「此非名也！」又效難篇曰：

夫名非實，用之不效，故曰名由口進，而實從事退。中情之人，名不副實，用之有效，故名由衆退，而實從事章。

名勝於實，衆隨之頌揚，即考事功，若無以應名，則其名敗。反之，若眞智藏中，衆不能見，雖無外名，而有內實。人物志甄察人之材性，區分流別，比其長短得失，明其鑑別選用之方法，一方予以人物品藻立一客觀之標準，一方亦予此學說立一理論之根據，而其宗旨，即在名實之辨也。以劉邵論知人之方、官人之術，皆本控名責實之觀點，故或緣於「名實之論」，或緣於「論證方法」，而列入名家。皆非如牟先生所云：「才性名理與先秦名家所談之形名、名實，絕不相同。不得列入名家，亦不得稱爲形名學；史志列入名家，只是史家爲先秦已有之分類所局限而硬列入者」(註六)之絕無瓜葛矣。且前已云分家分派乃便於學術之研究討論，實不可過泥也。今窺魏晉之人物學，既取名家細密嚴謹之分析方法，以應用爲人物之研究與批評上；又精練名理(註七)，以求名實相符，其入名家，不亦宜乎？牟先生於研味名理，創「才性名理」與「玄學名理」二詞，前者談才性，較尚實際；後者暢玄論，較虛空。其言曰：

> 名理一詞乃概括之通稱，而才性與玄理則是指謂之殊目。魏初一段談才性者名爲談名理，只是該一段歷史只有才性，尚無玄論。及至老莊易之玄論出，直接指謂名之，曰玄遠、玄言、玄理、玄論。反省地以通稱概括之，亦得曰名理、思理、理義、義言，是則名理一詞乃提升而爲通稱。

二者前後輝映，交發清光，蔚爲奇彩。今觀世說新語文學篇所載：「殷中軍於才性偏精，忽言及四本，便若湯池鐵城，無可攻之勢」；又「殷仲堪精覈玄論，人謂莫不研究，殷乃歎曰：『使我解四本，談不翅爾』」，及晉書阮裕傳云：「裕嘗問謝萬云，未見四本論，君試爲言之，萬敍說既畢，裕以傅嘏爲長，於是構辭數百言，精義入微，聞者皆嗟味之」。可知四本論之流行，雖至東晉，猶不少衰。操行與才能，是否一致，固爲風靡一時之論題。傅嘏論「才性同」，或即以才爲性之外現，材之本質即是性，是才與性當屬一本。而李豐「論異」，或鑑於有才未必有行，故才與性不可一體說。至若鍾會之論「才性合」，或以操行與能力可相輔成耶？王廣論「才性離」，或即以才性同出而不相涉。以其說皆不得見，實無以明之。然其辨合離，辯同辯異，實爲「名之至」也（註八）。及後過江三理—歐陽建之言盡意論，嵇康之聲無哀樂論、養生論，皆沿名實相符否之形式邏輯。四本、三理之外，另有三玄—周易、老、莊，約之爲儒道，而儒道之異同離合，又是斯時最大之爭辯；他如儒、道、佛之同異詰辨等，茲不具論。而其研至名理，究極精微則可知。是先秦名家有堅白之論，白馬之談；而魏晉亦有兩可之辭，同異之辨。前者乃深入名之本身及名與所指之實間之關係，後者亦深入理之本身及理所臻之境，由劉邵材理篇爲首先依理區分學問爲四大類者。此余顯明先秦名辯—兩漢名實—魏晉名理之骨幹，及其相承、演變之迹，用以說明人物志雖爲分析、品識人物之書籍，而基本精神仍爲名與實須嚴密相應之運用，故應列入名家也。

綜上所論，知人物志之成書，始以儒學爲鑒識之根據，以政治上之實用爲目標，益以分析之方法，證成其人物判斷也，緣此而有「名」，自是別具新內容、新題目。

文心雕龍知音篇云：「凡操千曲而後曉聲，觀千劍而後識器……無私於輕重，不偏於愛憎，然後能平理若衡，照辭如鏡矣」，劉邵秉承前人識鑒之事，就人物論人物，不涉及門第；就事理論事理，不雜有私情，憑此客觀析論人物之學，即是名理家矣。淸李慈銘云：「人物志共十二篇，雖各爲標目，而實一意相承。其旨主於別材器使，爲名家之學。而推重術家之流，如范蠡、張良者，奇謀通變，能用能藏。又言道之平淡玄遠爲極致，蓋申、韓而參以黃老」（註九），雖有雜揉，不害其爲名家之學也。

【附　註】

註一：湯用彤「讀人物志」。

註二：勞思光先生中國哲學史「玄學與儒道之關係」。

註三：勞思光先生「名理派之特色」。

註四：唐君毅先生「魏晉玄學與名理」。

註五：南齊書王僧虔傳。

註六：牟宗三先生「魏晉名理正名」，講之極精。

註七：鍾會傳言鍾會「博學，精練名理」。牟宗三先生言談才性者皆較實際，故以精練校練許之。

註八：有關「才性四本論」，日人岡村繁曾著「才性四本論の性格と成立」一文。又侯氏本政治立場之袒司馬、宗魏室、依違騎牆而有合同離異之別。

註九：桃華聖解盦日記甲集中又言人物志一書「名言雋理，可味者多，文筆亦峻厲廉悍，在並時申鑒、中論之間，較爲簡古」。

第二篇 本論

第一章 人物志之論旨

人物志之作，其目的在解決政治上量材授官之名實問題，它是承有漢人物品鑑風氣發展下來與夫直接從事人物分析之結果。首尾十二篇，反復研析「知人」與「用人」之理。其自序云：「夫聖賢之所美，莫美乎聰明。聰明之所貴，莫貴乎知人。知人誠智，則衆材得其序，而庶績之業興矣」。推此序文，則其論旨，本甚顯明。夫用人須先知人，唯知人而後可以善任之。知人之目的在乎任使，而任使之先決條件在知人。精擇篤任，則眞材獲用，大猷允升，而庶績咸熙，太平可臻矣。準乎此，可歸納爲下列新系統：

知人
- 辨質性—九徵、體別
- 剖情志—八觀
- 燭僞謬—七繆
- 戒忿肆—釋爭

用人：
- 序官品—流業
- 精品任—材理、材能
- 定能稱—利害、接識、英雄
- 達薦效—效難

㈠知人

人物志以九徵開篇，論人物之本，出乎情性，故觀人察物，當尋其性質也。而歸結於釋爭，更有深義在焉：其意欲以反無名之朴，以歸性質之純，而得眞人品也。

夫人之材質，稟元一之氣化生，而氣有厚薄、清濁之分，故有善惡、智愚之別。至於性則資於陰陽，以見其剛柔、文質之體越；形則體於五行，以顯其如金、如木、如水、如火、如土之狀。貫穿質（元一）、性（陰陽）、形（五行）而一之，則人之情性乃可得而明，苟控有情性，則識鑒之理得矣。

又群材異品，志各異歸。故須由人外現之言辭、行動、色貌、志趣、情感諸方面，予以全面考察外，更審及神、精、筋、骨、氣、色等，而後善惡、眞僞可得而辨。於此，劉卲特立八觀之目：「一曰觀其奪救，以明間雜；二曰觀其感變，以審常度；三曰觀其志質，以知其名；四曰觀其所由，以辨依似；五曰觀其愛敬，以知通塞；六曰觀其情機，以辨恕惑；七曰觀其所短，以知所長；八曰觀其聰明，以知所達」。其洞澈情機，撮論道義，要非通人具眼，無以致此。亦唯劉卲取形設鑑，涵映有情，使衆生無容私焉。

良由「人物之理，妙而難明，以情鑒察，猶有七繆」（註一）。所謂七繆者：「一曰察譽有偏頗之繆，二曰接物有愛惡之惑，三曰度心有小大之誤，四曰品質有早晚之疑，五曰變類有同體之嫌，六曰論材有申壓之詭，七曰觀奇有二尤之失」，此皆不暢其本，徵質不明故也。故知人者尙得有其智慧之明，性情之眞，而后可免於誤繆。

夫知人固未易也！一格於人物情詭難知，一格於知人者自身之障蔽，故知人之方，當本九質之徵以暢本，另博采八觀之道，力避七繆之失，庶幾能知賢否、定能稱也。

(二)用人

能知人而後能用人。知之不明，用之焉能得當。劉卲人物志以名實爲歸，講求循名責實，其中心思想卽重在「知人善任」，蓋知人善任，乃治平之基。而知人必待聖人，唯聖人之德，純正周至，不偏不倚，故能識眞用善，使知人與用人得以密切配合。良由人材異品，故其見用也，而有淸節家、法家、術家、國體、器能、臧否、伎倆、智意、文章、儒家、口辯、雄傑諸流；以諸流所能不同，堪任之職責亦異，施於有政，則功弊互見。用捨之際，能不計及其得失利害耶？玆列表以陳人物志用人之法（註二）：

流業	材能	宜任之職	所行之政	代表人物	爲政之得失功弊
清節家	有自任之能——德行高妙，容止可法	師氏之任	矯直	延陵 晏嬰	宜於統大，以之治小則迂。其功足以激濁揚清，師範僚友；其爲業也無弊而常顯，故爲世所貴。
法家	有立法之能——建法立制，強國富人。	司寇之任	公正	管仲 商鞅	宜於治侈，以之治弊則殘。其功足以立法成治，其弊也爲群枉之所仇，故功大而不終。
術家	有計策之能——思通道化，策謀奇妙。	三孤之任	變化	范蠡 張良	宜於治難，以之治平則無奇。其功足以運籌通變，其退也藏於隱微，故或沈微而不章。
國體	兼有三材，三材皆備——其德足以厲風俗，其法足以正天下，其術足以謀廟勝。	三公之任	言行一致	伊尹 呂望	位於三槐，坐而論道。

器能	兼有三材，三材皆微——其德足以率一國，其法足以正鄉邑，其術足以權事宜。	冢宰之任	辨護	子產　西門豹	宜於治煩，以之治易則無方。其功足以識方略之規，其弊也不知制度之原。
臧否	有司察糾摘之能——好尚譏訶，但不能弘恕，爲清節家之流。	師氏之佐	刻削	子夏之徒	宜於糾姦，以之治邊則失衆。其功足以變察是非，其弊也爲詆訶之所怨，故或先得而後離衆。
伎倆	有權奇之能——錯意施巧，但不能創思遠圖，爲法家之流。	司空之任	藝事	張敞　趙廣漢	宜於治富，以之治貧則勞而下困。其功足以理煩糾邪，其弊也民勞而下困，故爲治之末也。
智意	有人事之能——能遭變用權，權智有餘，公正不足，爲術家之流。	冢宰之佐	諧和	陳平　韓安國	宜於治新，以之治舊則虛，其功足以讚明計慮，其弊也知進不知退，故或先利而後害。
文章	有屬文著述之能。	國史之任	屬辭	司馬遷　班固	憲章紀述，垂之後代。

儒學	有德教施人，以傳聖業之能	安民之任	德化	毛公 貫公	能傳聖人之業，而不能幹事施政，其功在以德教保安其人。
口辯	有應付資給之能。	行人之任	辨析	樂毅 曹邱生	其功足以應答釋結，送迎道路，其弊也流宕不入道。
驍雄	有威猛之能——膽力絕衆，材略過人。	將帥之任	嚴厲	白起 韓信	宜於討亂，以之治善則暴。其功也建功立業，其弊也桀悍多忌，故或慢法而毀跌。

此實可作爲人君設官分職、位人以材之藍圖焉。然知人與用人皆非易事，故劉卲於人物志效難篇中，明辨知人與用人之難，深歎於「人物精微，知之難審；縱使知之，亦無由得薦」之二難。良由人物之識別是一事；人物之進用，又是一事，二者各有所難，即或排除此難，而客觀情勢橫亘於前，阻礙其配合，則其問題猶在耳。效難篇云：

何謂無由得效之難？上材已莫知，或所識者在幼賤之中，未達而喪；或所識者，未拔而先沒；或曲高和寡，唱不見讚；或身卑力微，言不見亮；或器非時好，不見信貴；或不在其位，無由得拔；或在其位，以有所屈迫，是以良材、識眞，萬不一遇也。須識眞在位，識百不一有也；以位勢値，可薦致之宜，十不一合也。

世之治亂有時運，人之遭遇亦莫不然。故儘有苗而不秀，迍邅不遇者。凡人之遇偶及遭累害，皆由命也。自王公逮庶人，有死生壽夭之命，亦有貴賤貧富之命。昔孟子言：「行或使之，止或尼之，行止非人之所能也，吾之不遇魯侯，天也」。無由得效，固由人事，亦有天命。至有曲高和寡，器非時好，終身沈滯者，若竇后之好黃老，儒者見貶即此也。是知已難遇，雖遇猶須在位，雖在位而當値明王，既値明王，又須適其時運，其間萬不一會，此志士之悲也。效難篇又云：

> 或明足識眞，有所妨奪，不欲貢薦；或好貢薦，而不能識眞，是故知與不知，相與分亂於總猥之中，實知者患於不得達效，不知者亦自以爲未識，所謂無由得效之難也。

上與下既無以交通，知與用因而未能配合。則上困於得所短，乃龐駁而取之；下困於失所長，則傍出以文之，轉動流徙，淆然並騖，故不獨上失其用也，而士亦自喪其可用矣。爲消泯此癥結，除人主之運其聰智，廣其視聽，明揚側陋，旁求俊乂，擧能不避嫌仇，拔賢不棄幽隱外，實有建立健全人事制度之必要。唯健全人事制度，乃可使官人之困難得以逐日解決也！

總之，用人之道，要在權利害之多寡，酌長短之所宜，更去短取長，委任責成；使智者竭其慮，能者盡其才，勇者效其死，愚不肖皆陳其力，則事成業濟矣（註三）。

知人與用人既爲治國行政之根本，爲人君者，焉可不明此道乎？人物志之所論在察質序官，故知用並言，冀能發揮才性之效能，以馴致太平。故以聖德作其標準，主道明其運用；審體別，則勉人揆中庸；別流業，則在達成衆材，由其論旨，更可觀知其尙實之風也。

【附　註】

註一：劉昞七繆篇目注。

註二：此表自體別、流業、材能、利害、接識諸篇中歸納而得。

註三：劉卲特重人物之多樣及多級，故人物之價值自亦不等。

第二章　劉卲之哲學思想

第一節　本體論

人物志九徵篇云：「凡有血氣者，莫不含元一以爲質，稟陰陽以立性，體五行而著形。」此通元一、陰陽與五行以言情性，爲才性論之形上根據。劉卲以九徵篇冠於全書之首，論述人物之本，而以「元一」當作「人性之根源」解，此「元一」爲物所含「以爲質」之氣，爲尚無陰陽之分之中和之氣也。牟宗三先生稱此元一爲「普遍之質素底子」，有類於易緯乾鑿度所謂之太初、太素也（註一）。太初者爲氣之始，爲天地混沌未分之元氣也，此實承襲漢代學術風氣而來。

按元猶原也，春秋繁露云：「元爲萬物之本，而人之元在焉。」元既爲宇宙萬物之本，則天、地、人皆由此推衍，人之材質，當亦由元氣陶鑄矣。王充云：「人稟元氣於天，各受壽夭之命，以立長短之形」（註二），又云：「人之善惡，共一元氣，氣有多少，故性有賢愚」（註三）。由元一之氣下委，即成萬物之性；人之質性即元氣之下委於個體也，故一本而萬殊。人稟氣以爲性，性由氣稟，而氣有多寡厚薄、清濁強弱之分，故性有善惡、智愚、才與不才之別，質性之差別與等級，皆由初稟所決定矣。論衡無形篇又云：「用氣爲性，性成命定。」性既爲天之就，則爲不可學，不可移者矣。王充之材質性命論要義，大略如此（註四）。

至於一陰一陽之狀態，漢儒言爲元氣之變化流行，凡氣之來者、起者，可稱爲陽氣；氣之往者、伏者可稱爲陰氣（註五）。陰陽二氣本於元一之氣，此元一之氣即此陰陽二氣之原，人既爲天地陰陽之氣和合所生，故人性亦有其陰陽二面。人之情性，乃與天地之陰陽相副，亦董仲舒所云：「身之有性情也，若天之有陰陽也。言人之質而無其情，猶天之陽而無其陰也」（註六）。天有陽以生，有陰以殺；而人性亦有仁貪之氣矣。此即董仲舒所云：「人之誠，有貪有仁。仁貪之氣，兩在於身，身之名取諸天。天兩，有陰陽之施；身亦兩，有貪仁之性」，此由元一之氣，尚不足以言個體之才性，故才性之立，尚須資於陰陽，以見其爲剛柔、文質、拘抗。

劉邵論人性，奉漢儒元氣陰陽五行之論爲圭臬，故主元一，合陰陽，運五行。九徵篇云：

> 故明白之士，達動之機，而暗於玄慮；玄慮之人，識靜之原，而困於速捷。二者之義，蓋陰陽之別也。

陽以外伸而自起爲性，陰以內屈而自伏爲性。性資於陰陽，故剛柔之意以別。陽動陰靜乃天地之定性，則外明不能內見，玄慮不能內光，此即劉子政所云：「形外則謂之陽，不發則謂之陰」也。而劉邵人物志釋爭篇所提到之「反復」大化論，乃可得而推衍。夫宇宙間盈虛之消息，如四時之代序，萬物之運化，而人事之屈伸，禍福之相倚，亦復如是。由天道以觀人事，故主柔而賓剛，居反以守正。老子曰：「反者，道之動。」此自然之道，亦人之道也。釋爭篇云：

物勢之反，乃君子所謂道也。是故君子知屈之可以爲伸，故含辱而不辭，知卑讓之可以勝敵，故下之而不疑。及其終極，乃轉禍而爲福，屈讎而爲友……禍福之機，可不愼哉？

物之演變，極則反，此乃所謂道。君子以柔居尊，而爲損道，則其位可久，其國可治，此已由人事歸結於政治矣。至其執卑弱爲立身之道，人君之德尚無爲，亦援此以爲理據。

漢儒又本五行之觀念以觀物，而人既爲五行之秀氣，故觀人之性，亦因之附以五行之說。牟宗三先生云：

憑藉五行，則陰陽剛柔之情性，更能彰顯而形著，而益見其爲多姿而多采，而益趨具體化（註七）。

五行既成，章爲五色，發爲五音，配以五常。易緯乾鑿度謂「人生而應八卦之體，得五氣以爲五常」，論衡物勢篇謂「一人之身，含五行之氣，故一人之行，有五常之操。」人之形體種色，乃各象其德。劉邵秉之以言五行，謂人之骨、筋、氣、肌、血五體與五常、五質、五德有密切關連。由是可由人之體狀觀心所蘊。九徵篇云：

若量其材質，稽諸五物，五物之徵，亦各著於厥體矣。其在體也，木骨、金筋、火氣、土肌、水血、五物之象也。五物之實，各有所濟，是故骨植而柔者，謂之弘毅；弘毅也者，仁之質也。氣清而朗者，謂之文理，文理也者，禮之本也。體端而實者，謂之貞固，貞固也者，信之基也。筋勁而精者，謂之勇敢，勇敢也者，義之決也。色平而暢者，謂之通微；通微也者，智之原也。五質恆性，故謂之五常矣。五常之別，列爲五德。是故溫直而擾毅，木之德也。剛塞而弘毅，金之德也。愿恭而理敬，水之德也。寬栗而柔立，土之德也；簡暢而明砭，火之德也，雖體變無窮，猶依乎五質。

其相配之情形，以下列簡表明之（註八）：

（五物）					
五行	木	火	土	金	水
五體	骨	氣	肌	筋	血
五質	弘毅	文理	貞固	勇敢	通微
五常	仁	禮	信	義	智
五德	溫直擾毅	簡暢明砭	寬栗柔立	剛塞弘毅	愿恭理敬

劉邵以仁爲木德，禮爲火德，信爲土德，義爲金德，智爲水德，卽承漢儒五德之論，而微有異。唐君毅先生於「五行與五常及劉邵之卽形知性論」一文中云：

察其言木骨者，乃自骨之在人身，使人身直立撐開，以生於天地言，故通乎仁之寬弘而剛毅。其謂火氣者，乃自氣之在人，乃使人明朗而簡暢言，故通乎禮。其謂金筋者，乃自筋之在人身，乃所以約束裁制以自精而言，故通乎義。其謂水血者，乃自血之流行通乎微細，如水之流行而通微細，以透徹無凝滯言，故通乎智。其謂土肌者，乃自肌肉之充塞連結此身之各部，以使體端以實，如土之充實於事物間言，故通乎有信德者之內所無疑之充實。

劉昞注則云：

木則垂陰，爲仁之質；質不弘毅，不能成仁；火則照察，爲禮之本，本無文理，不能成禮；土必吐生，爲信之基，基不貞固，不能成信；金能斷割，爲義之決，決不勇敢，不能成義；水流疏達，爲智之原，原不通微，不能成智。

所釋之然否，未可確定。或僅可作譬喻象徵之辭耳。然由五行之說，實可爲即形以知德之戶牖，所謂：「苟有形質，猶可即而求之」也。蓋五性者，成形之具，五性不同，各有所稟，此爲自然生命之全幅展開。

至其以中和之性爲最貴，若由元一去體會，亦愈加明切。蓋陰陽所本之元一之氣，爲尙無陰陽之分底中和之質也。以其爲陰陽之平衡狀態，故不偏不倚，純德圓滿，爲性情之極。唯有會於本體境界者，乃能運情臻中和，乃能平淡無味，變化應節。亦唯臻此本體境界，自然寂而常照，照而常寂，寂照雙流，通變無滯，故能「茂於神明」，以其神明茂，故「體冲和以通無」也。以其汎然不繫一貌，故能通幽達微，而成其函照百行之根本，此爲聖人所體會之本體境，偏材無與焉。

第二節 認識論

欲契悟對象之本質，亦即認識其所函之理，劉卲以爲須用智悟之明，此明所以見事之機也。夫人之體物識理，本出乎智，而智又僅爲謀事之始，必賴「明」方能使理顯現。故八觀篇云：

夫智出於明，明之於人，猶晝之待白日，夜之待燭火，其明愈盛者，所見及遠。

而明實出於人性之眞，唯眞篤無蔽，則智周衆理，此眞卽眞純也。九徵篇云：「明暗之實在於精。」劉昞注云：「精者實之本，故精惠則實明，精濁則實暗。」然則「明」被「質」所決定可知矣。材理篇云：

夫理有四部，明有四家……四理不同，其於才也，須明而章，明待質而行。是故質於理合，合而有明，明足見理，理足成家。

牟宗三先生云：「心智之明齊一而常在，質性之殊則曲屈而偏宕，而明之具體呈用，不能不有待於質性之殊而表現。齊一常在而普遍之心智因質性之殊而有具體之表現，亦因質性之殊而有特殊之限定」（註九）。因人之材質既異，故其表現明而把握理，乃不能兼備，故質性平淡，思心玄微，能通自然者，其明足以識道之理；質性警徹，權略機捷，能理煩速者，其明足審事之理；質性和平，能論禮教，辯其得失者，其明足通義之理；質性機解，推情原意，能適其變者，其明足極情之理。是材既殊塗，理亦異趣，各以所通之理以成家，乃有道理之家，事理之家，義理之家，情理之家（材理篇）。劉卲以人之材性決定所通之理，而人之材性既各有分別，則構成一種限制，以限定之材性，以通理，則此理自非普遍之理，非理性之理，僅爲合乎才性之理（註十）。綜上所述，知其認識之過程，當通過目識，而由心智之徹明，以辨物識理。老子曰：「內視爲明」。則明爲內心之智照，此明由質純而有，唯質純則智明，智明則其所應之理亦明；苟質不精暢，不貞明，甚且以情犯明，則於理終有所闇蔽。材理篇云：「剛略之人，不能理微，故其論大體，則弘博而高遠；歷纖理，則宕往而疏越。抗厲之人，不能迴撓，論法直則括處而公正，說變通則否戾而不入。堅勁之人，好攻其事實，指機理則穎灼而徹盡，涉大道則徑露而單持。辯給之人，辭煩而意銳，推人事則精識而窮理，卽大義則恢愕而不周。浮沈之人，不能沈思，序疏數，則豁達而傲博，立事要則爁炎而不定。淺解之人，不能深難，聽辯說則擬鍔而愉悅，審精理則掉轉而無根。寬恕之人，不能速捷，論仁義則弘詳而長雅，趨時務則遲緩而不及。溫柔之人，力不休彊，味道理則順適而和暢，擬疑難則濡愞而不盡。好奇之人，橫逸而求異，造權譎則倜儻而瓌壯，案淸道則詭常而恢迂」。故或似是而非，足以惑衆，考之則嗒然若喪；或偶有所得，轉手失之。此卽九偏之情，七似之流所論者。情有偏似，則各從其心之所可以爲理，而是非之蔽，乃無休已矣。

又諸德以「明」爲將，有明則德修功成，若無此明，則爲人性之闇昧，闇者昧時，何能成務成遂？八觀篇云：

各自獨行，則仁爲勝；合而俱用，則明爲將。故以明將仁，則無不懷；以明將義，則無不勝；以明將理，則無不通，然則，苟無聰明，何以能遂。

若然，則仁之有恤，能兼懷萬物，乃由智悟之明。義之能示斷割之宜，由於此明；理之明練，通達萬事，亦由於此明矣。反之，若無此明，則恐惡情奪正矣。

如慈而不仁，仁而不恤，厲而不剛等，皆由無性情之純，無性情之純，則無其明，無其明，則無以通徹事理之本質。夫道體玄微，理不繫一，原不可說，亦唯智達彌明，理通彌深之達德，始得以其「明智之極明」（八觀篇）照見之，唯極明故中叡外朗，上下通徹，而一無凝滯。是以「明」爲德之師，智之源，苟無此明，則好聲而實不克，好辯而理不至，好法而思不深，好術而計不足矣！是以觀人能察其聰明，而所達之材可知也。由上推知，劉劭所言之認知活動，實爲悟性之認知，其與感性之認知迥殊也。

其次談到認識能力，因受質性之限制，而有偏繆，是以名實未能相符。七繆篇云：

> 夫采訪之要，不在多少，然徵質不明者，信耳而不敢信目，故人以爲是，則心隨而明之；人以爲非，則意轉而化之。雖無所嫌，意若不疑；且人察物，亦自有誤；愛憎兼之，其情萬原，不暢其本，胡可必信；是故知人者，以目正耳，不知人者，以耳敗目，故州閭之士，皆譽皆毀，未可爲正也。交游之人，譽不三周，未可信是也。

夫末學膚受，道聽途說，貴耳賤目，信人毀譽，加之愛憎之情，意志缺陷，造成種種偏見；且虛榮心作祟，文過飾非，强不知以爲知，使眞理受蒙蔽。況事物本身之複雜性，其精甚微，妙而難明，人之致知能力有限，以情鑒察，故多錯繆。而「天下之人，不可得皆與遊處。」未能遍觀，劇下判斷，易受「以偏概全」之蔽。人事之情，略在變通，雖有常準，欲知情察變，實非易事。苟不暢其本，或徵質不明，則於聽采之際，亦見紕繆矣！接識篇云：

> 是故多陳處直，則以爲見美；靜聽不言，則以爲虛空；抗爲高談，則以爲不遜；遜讓不盡，則以爲淺陋；言稱一善，則以爲不博；歷發衆奇，則以爲多端；先意而言，則以爲分美；因失難之，則以

為不喻；說以對反，則以為較己；博以異雜，則以為無要。隨行信名，焉得眞情；屈於妨奪，何以識眞。此七繆、接識篇所暢發之旨也。認知能力既有種種限制，而多偏誤，則人當恆懷謙遜，以采善音，贊偶得。更在辯論中，切磋求眞，期於理定功立。劉劭深會學術以辯則明，故特立材理篇，以論辯難之道及其方術，其目的在追求眞理，否則衆人各陳其一偏之見，則莫知其眞矣。

第三節　材性論

材能篇以為人之性有寬急，故材之所宜有大小，是以「寬弘之人，宜為郡國，使下得施其功，而總成其事；急小之人，宜理百里，使事辦於己。」由此推之，劉劭所指之性，乃指質性之性，非德行之性。材為才能之材，即應事之能力，而才能受質性之限制。以性指人之本質，由本質之外現為才，才既為性之外現，則才與性應為一致，同屬一本，未可畫分。

劉劭以「人物之本，出乎情性」，劉昞注云：「性質稟之自然，情變由於染習，是以觀人察物，當尋其性質也。」性為生來本然之質，而才為質之用，則生來何質，具有何才，即適於何用。然有因習染而變，此為情變，而性則不可變，故觀人察物，但識其本質耳。此以人之質性、才能皆生來如此，未可改變之說，實繼承王充宿命論思想而來。體別篇云：

夫學，所以成材也；恕，所以推情也。偏材之性，不可移轉矣。雖教之以學，材成而隨之以失；雖訓之以恕，推情各從其心，信者逆信，詐者逆詐，故學不入道，恕不周物。偏材固守性分，敎之益失。故學祗能順其才性而已，其與進德，同在防偏用中，迥異乎理學家之所謂修德也。此即牟宗三先生所云：「自己須自覺缺失，而時時提醒，不要犯此病也。」體別篇：「及其進德之日，不止揆中庸以戒其材之拘抗，而指人之所短以益其失，猶晉楚帶劍，遞相詭反也。」故劉氏承認人才有等差，憑所受之兼偏、多寡以分劃，此差別爲天定，乃不可培養。人若思改變之，適足以傷生害性。才性決定人成就之限度，人唯有在此限度內，全力以赴去實現才性耳。而人之才性既互有所長，亦有所短，統治者不能要求家人具備各項才能，而求用人之仁去其貪，用人之智去其詐，使群材各任其能，各適其職而已。是人物之觀察與任使，必在才性定向以後也。

人物志十二篇，實可緣材質以轉進之，則人之德性、事功與認知能力皆受材質之決定，材質乃爲一切活動背後之總決定力，此說實可代表徹底之材性論之立場也。

至於性情善惡問題，劉卲以爲「本元一之氣以爲質」之質，無所謂善惡，而人之性情稟於陰陽，若陰陽不淸和，則有偏蕩。八觀篇云：

夫人之情有六機：杼其所欲則喜，不杼其所能則怨；以自伐歷之則惡，以謙損下之則悅；犯其所乏則媢，以惡犯媢則妬，此人情之六機也。

其下又申述之云：

夫人情莫不欲遂其志，故烈士樂奮力之功，善士樂督政之訓，能士樂治亂之事，術士樂計策之謀；辨士樂陵訊之辭；貪者樂貨財之積；幸者樂權勢之尤；苟贊其志，則莫不欣然；是所謂杼其所欲則喜也。若不杼其所能，則不獲其志，不獲其志則戚；是故功力不建，則烈士奮；德行不訓，則正人哀，政亂不治，則能者歎；敵未能弭，則術人思思；貨財不積，則貪者憂；權勢不尤，則幸則悲；是所謂不杼其能則怨也。人情莫不欲處前，故惡人之自伐，自伐，皆欲勝之類也。是故自伐其善，則莫不惡也；是所謂自伐歷之則惡也。人情皆欲求勝，故悅人之謙，謙所以下之，下有推與之意，是故人無賢愚，接之以謙，則無不色懌，是所謂以謙下之則悅也。人情皆欲掩其所短，見其所長，是故人駮其所短，似若物冒之，是所謂駮其所乏則婟也。人情陵上者也，陵犯其所惡，雖見憎，未害也。若以長駮短，是所謂以惡犯婟，則妬惡生焉。

人之情機若此，故多忿爭，而情機乃根於性質及誘發於染習者。

劉劭本順氣以言性，則凡自然生命所表現之特異性，皆天生如此，爲不可學，不可事，由此很顯然地具命定主義之傾向。由人事，以見天命，則人之見用與否，亦非人力所得定，效難篇云：

> 上材已莫知；或所識者在幼賤之中，未達而喪。或所識者，未拔而先沒；或曲高和寡，唱不見讚；或身卑力微，言不見亮；或器非時好，不見信貴；或不在其位，無由得拔；或在其位，以有所屈迫。是以良材、識眞，萬不一遇也；須識眞在位，識百不一有也；以位勢値，可薦致之宜，十不一合也。

夫遇合有偶幸，人人不同，此亦緣材性之不同故也。天命限制人之材智，亦限制人之效薦，則其說可稱之爲「天命之材性論」也。

第四節　修養論

劉邵志序人物，以德、法、術三材爲源，及其枝流條別，列人流之業爲十二，而以「德行高妙，容止可法」之清節家爲首，以其行爲物範，故可「掌以道德，敎道胄子」（劉昞注），足成王化之政。又利害篇云：

夫清節之業，著于儀容，發於德行，未用而章，其道順而有化。故其未達也，爲衆人之所進；既達也，爲上下之所敬，其功足以激濁揚淸，師範僚友，其爲業也，無弊而常顯，故爲世之所貴。

因其德輝昭著，故不試而效；若風行草偃，物無不化。以其理順，故衆人樂進之；又因德和，誰能慢之？故非徒無弊，且存而常顯，爲一世之所貴。至其以儒學之材，掌以德敎，傳聖人之業，足以安民等，可見劉邵雖站在政府立場著想，爲求物色足以旋乾轉坤、建功立業之眞人才，故不得不特詳於以才智取勝之偏材，然劉邵實未放棄道德。祗因東漢重名教，人漸向外效慕，德行非自內發而顯得虛飾，故劉邵特加矯正，而强調「平淡」，此不可不注意及之。

壹、卑讓（謙德）

因自覺人性之偏頗不足，拘抗違中，爲補救其失，以得人格之全，故當釋忿去爭，卑遜自持也。

劉邵窮其忿爭之由，乃因「內恕不足，外望不已」，或「怨彼輕我，疾彼勝己」，以人情莫不欲處前，莫不欲求勝；莫不掩短見長，莫不陵上（八觀），苟能恕己自責，則兩不言競，變訟何由生哉？故釋爭篇首標：

善以不伐爲大，賢以自矜爲損。

良以「物勢之反，乃君子所謂道也；是故君子知屈之可以爲伸，故含辱而不辭；知卑讓之可以勝敵，故下之而不疑。」老子曰：「夫唯不爭，故天下莫能與之爭」，是以務爲謙讓者，何爭之有哉？

持身尚謙遜，即談說之際亦恆懷退後，材理篇云：「與衆人言，則察色而順性；雖明包衆理，不以尚人；聰叡資給，不以先人，善言出己，理足則止，鄙誤在人，過而不迫，寫人之所懷，扶人之所能；不以事類犯人之所媚，不以言例及己之所長……采蟲聲之善音，贊愚人之偶得，奪與有宜，去就不留，方其盛氣，折謝不吝；方其勝難，勝而不矜，心平志諭，無適無莫，期於得道而已矣。」以是從談說之是否謙遜，得辨材之兼偏。接識篇云：

何以知其兼偏，而與之言乎？其爲人也，務以流數杼人之所長，而爲之名目，如是兼也。如陳以美，欲人稱之，不欲知人之所有，如是者偏也。

君子小人，亦可由是否謙讓而分。釋爭篇云：

是以君子舉不敢越儀準，志不敢凌軌等；內勤己以自濟，外謙讓以敬懼。是以怨難不在於身，而榮福通於長久也。彼小人則不然，矜功伐能，好以陵人，是以在前者人害之，有功者人毀之，毀敗者人幸之。

又云：

> 君子能受纖微之小嫌，故無變鬪之大訟；小人不能忍小忿之故，終有赫赫之敗辱。……彼君子知自損之為益，故功一而美二，小人不知自益之為損，故一伐而並失。
>
> 是以君子接物，犯而不校，不校則無不敬下，所以避其害也；小人則不然，既不見機，而欲人之順己，以佯愛敬為見異，以偶邀會為輕，苟犯其機，則深以為怨。

八觀篇亦云：

> 賢明君子志在退下；鄙劣小人，志在陵上。苟能戒幸訓貪，然後物不自伐，下不陵上，賢否當位，治道有序矣。

人格之品，亦可由謙讓而判。故釋爭篇以推功於物，謹身能恕者為上乘，以自矜自伐、不自量度者為下等。顯然劉卲由老子「不自見故明，不自是故彰，不自伐故有功，不自矜故長」與「自見者不明，自是者不彰，自伐者無功，自矜者不長」兩句話中體悟之屈己外身之道。

好勝之人，以在前為速銳，以處後為留滯；以下衆為卑屈，以躡等為異傑；以讓敵為迴辱，以陵上為高厲。君子則以推讓為利銳，以自修為棚櫓，靜則閉嘿泯之玄門，動則由恭順之通路。是以戰勝而爭不形，敵服而怨不構，故悔恡不存於聲色（並見釋爭篇）。夫兩賢未別，則能讓者為儁矣；爭儁未別，則用力者為憊矣。是故藺相如以迴車決勝於廉頗，寇恂以不鬪取賢於賈復，孟之反以不伐獲聖人之譽，管叔以辭賞受嘉重之賜，然則，卑讓降下者，茂進之遂路也；矜奪侵凌者，毀塞之險途也。是以「交氣疾爭者，為易口而自毀也；並辭競說者，為貸手以自毆也。」（釋爭篇），惑繆豈不甚哉？此或有慨於曹爽與司馬氏彼此傾軋之舉動與言論，亦勉人之退修也！

貳、愛敬

劉邵以人道之極，莫過愛敬。愛生於父子，敬立於君臣，君臣父子，人倫之大。故觀其愛敬，則通塞之理，可得而知。八觀篇云：

蓋人道之極，莫過愛敬，是故孝經以愛爲至德，以敬爲要道；易以感爲德，以謙爲道；老子以無爲德，以虛爲道。禮以敬爲本，樂以愛爲主。然則，人情之質，有愛敬之誠，則與道德同體，動獲人心，而道無不通也。然愛不可少於敬，少於敬，則廉節者歸之，而衆人不與；愛多於敬，則雖廉潔不悅，而愛接者死之，何則？敬之爲道也，嚴而相離，其勢難久；愛之爲道也，情親意厚，深而感物，是故觀其愛敬之誠，而通塞之理可得而知也。

劉昞注云：「篤於慈愛則溫和，而上下之情通；務在禮敬則嚴肅，而外內之情塞。然必愛敬相須，不可一時而無，然行其二義者，常當務令愛多敬少，然後肅穆之風，可得希矣。」蓋廉人好敬，常人樂愛；廉人寡而常人衆，衆人樂愛致其死，則事成業濟，故愛不可少也。

愛—父子之親—樂—陽來—歡然親愛—情親意厚—深感—情通

敬—君臣之義—禮—陰作—肅然清淨—嚴而相離—難久—情塞

愛敬之理，同出於性情之理，本乎愛敬，則道無不通，然愛少於敬，常有違於和，而見其窒塞處。且父子之親先於君臣之義，必齊家而後能治國，由內及外，本末先後，由茲可明。緣愛生敬，以臻情禮兼到，人際之關係，因以協和。劉邵「兼功利以言道德」（註十一），自有一番新義焉。

叁、平淡

劉邵於九徵篇中云：「觀人察質，必先察其平淡，而後求其聰明」。夫聰明者以勝體爲美，其或爲德、法、術；或臧否、伎倆；或文章、儒學；或口辯、驍雄……皆爲偏至之材，終有限制而未能成其大用。必至平淡之一格，本身具備衆材，故不拘執於一材。也唯有平淡，乃能不賣弄光彩，不走偏鋒，不以名色自標。以其不沾滯，故能因應變化，而無施不可（註十二）。九徵篇云：

是故兼德而至，謂之中庸，中庸也者，聖人之目也。

兼德者育物而不爲仁，齊衆形而不爲德，凝然平淡，與物無際，其爲人具備九質之徵。九徵篇又云：

質素平淡，中叡外朗，筋勁植固，聲清色懌，儀正容直，則九徵皆至，則純粹之德也。

又云：

凡人之質量，中和最貴矣。中和之質，必平淡無味，故能調成五材，變化應節。

體別篇亦云：

夫中庸之德，其質無名，故鹹而不鹻，淡而不醴，質而不縵，文而不繢，能威能懷，能辨能訥，變化無方，以達爲節。

平淡乃人倫之大清明，以其陰陽清和，銷盡一切精彩，故不好名，不求名，蕩蕩乎人無得而名。反之，若性不精純，九徵有違，則不能平淡，不能平淡，則見拘執矣。有拘執則雖得之於目，或失於耳，不能兩兼，焉得無失？故人之欲求其大用，務先自平淡處修養焉。

【附　註】

註一：牟宗三先生「人物志之系統解析」。

註二：論衡無形篇。

註三：論衡率性篇。

註四：王瑤中古文學史論云：「凡人皆稟氣而生，以其所賦受的不同，所以人的才性亦異，當時盛論才性同異，都是由這種理論出發的」。

註五：唐君毅先生「漢魏學者對客觀人性之分解說明」。

註六：春秋繁露深察名號篇。

註七：人物志之系統解析。

註八：以五行配五常，始於景武之世之董仲舒。其言曰：「東方者木，農爲本，司農尙仁。南方者火也，本朝司馬尙智。中央者土，君官也，司營尙信。西方者金，大理司徒也，司徒尙義。北方者水，執法司寇也，司寇尙禮。」鄭玄注中庸「天命之謂性」曰：「木神則仁，金神則義，火神則禮，水神則信，土神則知。」皇侃釋之曰：「東方春，春主施生，仁亦主施生；秋爲金，金主嚴殺，義亦果敢斷決也。夏爲火，火主照物，而有分別，禮亦主分別。多主閉藏，充實不虛；水有內明，不欺於物，信亦不虛詐也。土無所不載，土所含義者多，智亦所含者衆，故云土神則智。」說各不同，而傳承之迹則可得而見。

註九：牟宗三先生「四理與四明」。

註　十：勞思光先生對兼有八美，能通天下之理一意，加以闡述說：「所謂通於天下之理，乃指一個個理之加和講，並非肯定普遍之理，此種兼有八美之人，不過是具有特殊才性，故能通各種理，理本身仍未綜合爲一體，其人亦非能統觀一切理，而只是遍數一一理而取之耳。故劉邵此一結論，只承認有才性特高之人，並非肯定普遍之理或才性以外之理性」。

註十一：錢穆先生「略述劉邵人物志」。

註十二：錢穆先生云：「惟其平淡，故可大受，而當大任」。錢氏以「平淡」爲劉邵論人之性格與其用處之最高者。

第三章　劉邵之人事行政理論

三國鼎立，互爭雄長，無不廣納天下英才，官人之學乃應運而興焉。劉卲生逢其時，作人物志，以序材品，以興庶業，其立說之動機與目的，固在人事行政上，是以特詳於鑑別人材與任用人材也。

至其主張唯聖人全德足堪爲王，以其聰明平淡，總達衆材，故能成天功、臻太平。且明辨君臣之體，以君在任賢使能，臣在竭力致功，上下異勢異能，不可易方，權能區分甚明。而値亂世，法術實不可偏廢，考課之法亦不可缺，其說深切著明，後世欲辨官論材、富國强民，惡可以不知耶？玆就人物志中有關政治之言論，分述於下：

第一節　辨官論材之原理原則

壹、辨官論材之原理——人物性材之偏至

人物志材理篇云：「能出於材，材不同量，材能既殊，任政亦異」，材不同量，能各有偏，因其性之所宜，量其能之所及，而分別任以政事，授以官位，對於人材之任使，劉卲提出下列幾點：

一、性有寬急，宜有大小

材能篇云：「寬弘之人，宜爲郡國，使下得施其功，而總成其事；急小之人，宜理百里，使事辦於己。然則郡之與縣，異體之大小者也，以實理寬急論辨之，則當言大小異宜，不當言能大不能小也」。

寬弘以治大，急切宜治小；蓋急切則煩碎，大事不成；弘裕則網漏，庶事荒矣。此即魏徵所云：「小臣不可責以大體，大臣不可責以小事」也。

二、人材不同，能各有異

材能篇云：「夫人材不同，能各有異，有自任之能，有立法使人從之之能，有消息辨護之能，有德教師人之能，有行事使人譴讓之能，有司察糾摘之能，有權奇之能，有威猛之能」。

有不同之性，即有不同之材，有不同之材，即有不同之能，或修己潔身以臨下，或懸法立令，使民無敢犯者；或以智辨，周旋應節，事來立解者；有以道術深明，動爲師法者；有云爲得理，義和於時之能；有督察是非，無不區別之能；有務以奇計，成事立功之能；或猛毅昭著，威振敵國之能。能各有異，亦顯其性之殊，或以德、或以法、或以術、或以仁；有以義勝、有以理勝；或以智勝、或以勇勝，才性有別，能亦互異。

三、材能既殊，任政亦異

材能篇云：「是故自任之能，清節之材也，故在朝也，則冢宰之任，爲國則矯直之政。立法之能，法家之材也，故在朝也則司寇之任，爲國則公正之政。計策之能，術家之材也，故在朝也則三孤之任，爲國則變化之政。人事之能，智意之材也，故在朝也則冢宰之佐，爲國則諧合之政。行事之能，譴讓之材也，故在朝也，則司寇之佐，爲國則督責之政。權奇之能，伎倆之材也，故在朝也，則司空之任，爲國則藝事之政。司察之能，臧否之材也，故在朝也，則師氏之佐，爲國則刻削之政。威猛之能，豪傑之材也，故在朝也，則將帥之任，爲國則嚴厲之政。凡偏材之人，皆一味之美，故長於辦一官，而短於爲一國」。

能出於材，材成於性，性既具差別性與獨特性，故材不同量，而能各一偏矣。因其性之所宜，授之以政，任既有異，乃形成各別之政。自任之能，其身正，故掌天官而總百揆，其德行高妙，容止可法，故有矯直之美，足以敦化風俗。立法之能，立憲垂則，彊國富人，掌秋官而禁制姦暴，以法無私，故爲政有公正之美。計策之能，計慮明，故輔三槐而助論道，以其智慮無方，策謀奇妙，故爲政有變化之美。人事之能，智意審，故佐天官而諧內外，以其能鍊衆疑，遭變用權，故爲政有諧合之美。行事之能，辨衆事，故佐秋官而督傲慢，以其云爲得理，以厲侈靡，故爲政有督責之美。權奇之能，伎能巧，故任冬官而成藝事，以其錯意施巧，務在功成，故爲政有藝事之美。司察之能，是非章，故佐師氏而察善否，以其好尚譏訶，分別是非，故爲政有刻削之美。威猛之能，體果毅，故總六師而振威武，以其膽略過人，討平不順，故爲政有嚴厲之美。偏材但爲一味之美，各處其宜，若鹽人調鹽、醯人調醯，各周於用。一官理，百官和，終成大美，足爲一國矣。

四、人材不同，政有得失

材能篇：「是以王化之政，宜於統大，以之治小則迂；辨護之政，宜於治煩，以之治易則無方。

策術之政，宜於治難，以之治平則無奇。矯抗之政，宜於治侈，以之治弊則殘。諧合之政，宜於治新，以之治舊則虛。公刻之政，宜於糾姦，以之治邊則失衆。威猛之政，宜於討亂，以之治善則暴。伎倆之政，宜於治富，以之治貧則勞而下困。故量能授官，不可不審也」。

五方不同，風俗各異，政有簡煩，苟有不協，則有得失。人材既有清節、法家、術家、譴讓、智意、臧否、雄傑、伎倆之別，其所宜亦自有統大、治煩、治難、治侈、治新、糾姦、討亂、治富之分。若以宜統大者治小，則呑舟之姦漏矣。以宜於治煩者治易，則催逼苛民矣。以宜於治難者治平，則術煩擾民矣。以宜於治侈者治弊，則治嚴殘民矣。以宜於治新者治舊，則苟合失禮矣。以宜於糾姦者治邊，則刻削亂民矣。以宜於討亂者治善，則政猛暴民矣。以宜於治富者治貧，則巧謠困民矣。綜合上列任使原則，歸納爲用人之最高原則，在用長捨短，量能授官，使人盡其才，材盡其用，茲論列於下。

貳、辨官論材之原則——各適其能

一、取長捨短：偏材之性或拘或抗，故有長有短，用人者當舉其長棄其短，所謂「杞梓連抱而有數尺之朽，良工不棄。」苟能如此，則天下無不材之人，古今無乏才之國。體別篇云：

厲直剛毅，材在矯正，失在激訐；柔順安恕，美在寬容，失在少決；雄悍傑健，任在膽烈，失在多忌；精良畏慎，善在恭謹，失在多疑；彊楷堅勁，用在楨幹，失在專固；論辨理繹，能在釋結，失在流宕；普博周給，弘在覆裕，失在溷濁；清介廉潔，節在儉固，失在拘扃；休動磊落，業在攀躋，失在疏越；沈靜機密，精在玄微，失在遲緩；樸露徑盡，質在中誠，失在不微；多智韜情，權在譎略，失在依違。

性有剛柔，質有至違，拘抗違中，故善有所章，理有所失，取善去失，則知效一官，各有勝處。故臨別篇又由材質以鑑別：

彊毅之人，狠剛不和……可與立法，難與入微；柔順之人，緩心寬斷……可與循常，難與權疑；雄悍之人，氣奮勇決……可與涉難，難與居約；懼愼之人，畏患多忌……可與保全，難與立節；凌楷之人，秉意勁特……可以持正，難與附衆；辨博之人，論理贍給……可以汎序，難與立約；宏普之人，意愛周洽……可與撫衆，難與厲俗；狷介之人，砭清激濁……可與守節，難以通變；休動之人，志慕超越……可與進趨，難與持後；沈靜之人，道思迴復……可與深慮，難與捷速；樸露之人，中疑實硌……可與立信，難與消息。韜譎之人，原度取容……可與讚善，難與矯違。

此皆辨析人物之得失長短，可爲用人者所取資也。

二、因材器使：用人隨性分之所至，因材器使，使能方者方，能圓者圓，各任其所能，各盡其才；爲杙爲楹，各當其用，則爲政治若老手斲輪，奏刀立解矣。關於人材宜適之問題，人物志材能篇舉「牛鼎」以喻之。其言曰：

或曰：人材有能大而不能小，猶函牛之鼎，不可以烹鷄，愚以爲此非名也，夫能之爲言，已定之稱，豈有能大而不能小乎？凡所謂能大而不能小，其語出於性有寬急，性有寬急，故宜有大小。寬弘之人，宜爲郡國，使下得施其功，而總成其事；急小之人，宜理百里，使事辦於己。然則，郡之與縣，異體之大小者也。以實理寬急論辨之，則當言大小異宜，不當言能大不能小也。若夫鷄之與牛，亦異體之小大也。故鼎亦宜有大小，若以烹犢，則豈不能烹鷄乎？故能治大郡，則亦能治小郡矣。推此論之，人材各有所宜，非獨大小之謂也。」人物之性，決定其功能；故人材之各有所宜，實卽質性之各有所宜。按劉卲之意在名必當實，苟非其實，則非名也。其言「夫能之爲言，已定之稱，豈有能大而不能小乎？」既於人材上名之爲能，則必能大能小，方符其「能」之名，今以能大不能小，卽不足以言「能」矣。

劉卲以名學之辨證法，申明人材之宜適問題，要其會歸，在順其本性，就其所宜耳：蓋人之材能，有大小之殊，故或知效一官，行比一鄉；或德合一君，而徵一國者，苟事稱其能，各當其分，則可自得逍遙。然若以能治大郡者，使治小郡；就如以烹犢之鼎用爲烹鷄，「多汁則淡而不可食，少汁則熬而不熟」，大才而小用之，誠可惜，亦有所不宜也；至若以小材擔大任，其弊更甚矣，此猶以烹鷄之鼎用爲烹犢，其能否本已難言，卽使能烹，恐亦一臠，而非全牛耳！故爲政任官，要在因材器使，使文者理百官，武者治軍旅，量能授職，各效其才而已！此流業篇總括人流之業爲十二，本其材能，程其職任，使衆材得而序列之也。

夫才有專門之精，有兼賅之博；偏材荷一至之名，各守一行，猶如器也，器之爲用，各有不同，以鷄司夜，以貍執鼠，皆用其能；以車行陸，以舟涉川，各有所宜。且同一器也，其量之大小懸殊，則任之輕重自異。函牛之鼎用以烹鷄，非爲不能，實爲非宜；芒針之鈎用以釣巨鱗，則有不能。人各有能有不能，責一人之身以百官之所能備，雖聖哲亦有所不能。至於通材，博古通今，洞明機先；天人萬物之理，社會國家之事，雖至洪至纖，無不曉喻胸中；無沾滯固執之態，能屈能伸，知廢知興；足以統籌全局，經事理物，此爲人中之英，材中之傑。即人物志流業篇所指：「兼有三材，三材皆備，其德足以厲風俗，其法足以正天下，其術足以謀廟勝，是謂國體」者。通材之人，乃可與論經世而理物者。其識略冠時，才堪濟變，乃三公冢宰之任也。通才與專才相輔相成，以專才任實際事務，以通才規模大局；若謹有通才而無專才，則百政陷於空疏，缺乏有力之執行；有專才而無通才，則局面必凌亂，缺乏統籌中心。故通才爲領導，專才爲幹任，如大腦之指揮四肢百骸，構成健全之組織。

三、**循名按常**：爲政欲達「賢者在位、能者在職」，故有破格以用人，超遷以取才，是漢高一見韓信而授上將，一見鯨布而封淮南，知其志大不定天下不已也！循資按格，恐不足以致異才。且非常時期，貴能相機獨斷，不拘文法，識大舍細，先急後緩，非有精心卓識，奇才異能不爲功。而奇才難得，尤物不世見，故立賢期於無方，惟當措意於「素別」。劉卲曾言：「遺賢而賢有濟，則恨在不早拔，拔奇而奇有敗，則患在不素別。」蓋鑒於漢季名實乖濫、所擧非眞才；又曹操用人唯才，一時負汚辱之名者，得登高位，使虛實難分，七繆篇云：

是以早拔多誤，不如順次。夫順次，常度也，苟不察其實，亦焉往而不失。

苟徵質不明，卽或順次，亦焉得而無失。故得輔以考課之法，以爲黜陟之資，其創作都官考課法，以責百官之政績，求收取實效之遺意，則末世不能改也。

其持德、法、術以揆人，思由相互論道德之言上，以觀其容止修養；由相互論法制之言上，以觀其任事之精神；由論策術之言上，以觀其應變之智等，與考課法所立之「四科」相輔成，同爲循名責實之準也。欲別眞僞、賢愚，考事焉可廢乎？

第二節　政治思想

壹、君臣異勢異能，權能區分

劉卲以名法家之底子，將老子的無爲思想帶進其學說體系，故構成君逸臣勞之政治學說。劉卲以君必全德聖人爲之，垂拱於上，總達衆材；而君臣之道不可易，君爲元首，臣爲股肱，君操其名，臣效其形，「聖人勞聰明於求人，獲安逸於任使」，君臣不能易序，否則理失事違矣。流業篇云：

> 主德者，聰明平淡，總達衆材，而不以事自任者也。

又云：

> 主道立，而十二材各得其任矣。……若道不平淡，與一材同好，則一材處權，而衆材失任矣。

主德者聰明平淡，乃能耳目兼察，虛懷納下；以其能兼察納下，故天下輻輳，明無不照矣。昔堯舜之治，闢四門，通四聰，故共鯀之徒弗能塞，靖言庸回弗能惑也。禮記曰：「唯天下至聖，爲能聰明叡智，足以有臨也。」蓋其「一己有清節之德，而無清節之相；有法而不任其法；有術而能忘其術；有德、法、術之純備而釋然；有德、法、術之微備而歉然，可臧否而不臧否，有智意而離智意，懷伎倆而棄伎倆，因儒學而慕儒學，能文章而不爲文章，長辯給而不事辯給，儘驍雄而不貴驍雄。此更須有其精神之大突變，從而有其精神上之大放下，始能有此精神上之大無爲」（註一）以其涵具此超絕之天姿與修養，故智周萬物，才兼百行而不以尚人。上無爲而下有守，是以「主道得而臣道序，官不易方，而太平用成」（流業篇），主道、臣道相得而彰，則人主垂拱而天下理，揖讓而頌聲作。反之，若主道失，代下司職，總攬衆事，則衆材失任，天下亂矣。此郭象莊子天道篇注（註二）所云：

夫在上者患於不能無爲而代人臣之所司，使咎繇不得行其明斷，后稷不得施其播植，則群材失其任，而主上困於役矣。

夫人君之所務者在大道遠數，其患「莫大於詳於小事而略於大道，察其近物而闇於遠圖」（註三）。所謂大道遠數者，即「詳於聽受而審於官人，達於興廢之原，通於安危之分」也，其功即在仰成而已。故衆材列位，以幹任爲能，人君則平淡無爲，居衆材之上而不以材名。此劉卲本道家「無之以爲用」以言君德也。

君臣之體既不可易，其能亦自不同，材理篇云：

臣以自任爲能，君以用人爲能；臣以能言爲能，君以能聽爲能；臣以能行爲能，君以能賞罰爲能。所能不同，故能君衆材也。

群臣竭力致功以取爵位，國君任賢使能，去私恩，賞罰憑功過。君不以材名，不以味美，不以自任、能言、能行爲能，故不因一材而廢衆材，却明於用人、聽言、賞罰，故能總達衆材。此莊子天道篇注所云：

夫工人無爲於刻木，而有爲於用斧；主上無爲於親事，而有爲於用臣。斧能刻木、而工能用斧。各當其事，則天理自然，非有爲也。若乃主代臣事，則非主矣；臣秉主用，則非臣矣，故各司其任，則上下咸得而無爲之理至矣！

君居衆材之上以照察爲能，臣分任衆職以歸於君，上下不相侵與，則名正而法順矣。是主道得而臣道序，天功以成而太平可臻矣。

貳、建功烈俟英雄，致太平須聖人

劉邵人物志特立「英雄篇」，爲歷來論英雄最精者。當時英雄一目，指智膽卓出，叱咤風雲，足以衝破困局，開創新機者，其間並未含道德判斷（註四）。英雄篇曰：「聰明秀出謂之英，膽力過人謂之雄」，英雄者，明膽兼備，文武茂異，固生民之秀傑也。以其風姿勝、本色貴，爲自然資質之出尤者，足可拔廦一並；然亦受天資所限。方其盛時，功業彪炳，極其絢爛；迨狂飈一過，亦徒喚奈何耳（註五）。

人物志以至德中庸爲人倫之極，當立爲主道之君。而「英」與「雄」，皆屬偏材，爲人臣之任。英可以爲相，雄可以爲將，將相和，足安社稷。至其定英雄之標準爲：「必聰能謀始，明能見機，膽能決之，然後可以爲英，張良是也。氣力過人，勇能行之，智足斷事，乃可以爲雄，韓信是也。」（英雄篇），較之流業篇：「思通道化，策謀奇妙，是謂術家，范蠡、張良是也；膽力絕衆，材略過人，是謂驍雄，白起、韓信是也。」則張良屬十二材之術家，韓信則屬驍雄之材；術家智慮無方，可任爲三孤，掌以廟謨，佐公論正；驍雄之材，膽略過人，足擔將帥之任，掌以師旅，討平不順。一任智，一尚武；英爲文昌，雄爲武稱，爲守國之二基，然皆非平淡，以有大欲存焉故也。

英之智能知，而以明見機，故爲智者所歸往，而能用智者；雄之膽能行，而以力服衆，故爲雄材所推服。然英能得英，不能得雄；雄能得雄，不能得英，若一人能兼英雄，乃能役英與雄，使武以服之，文以綏之，則業隆當年，福流後世，足以長世安民矣。英雄篇云：

夫聰明者，英之分也，不得雄之膽，則說不行；膽力者，雄之分也，不得英之智，則事不立；是故英以其聰謀始，以其明見機，待雄之膽行之；雄以其力服衆，以其勇排難，待英之智成之，然後乃能各濟其所長也。

夫時勢固可以造英雄，而英雄實在創時勢也。漢魏之際，天下亂離，撥亂反治，端仗英雄，故其時豪傑蠭起並作，咸以英雄自許。王粲作漢末英雄記，於一時割據之雄略，若董卓、韓馥、呂布、李傕等皆列入英雄之榜，想見其時英雄之尺度必甚寬。時許邵稱魏武爲「治世之能臣，亂世之英雄」，以能臣與英雄對舉，則英雄之目，地位本不高，其爲偏至之材，屬人臣之任甚明。良以英才謀事見機，聰明達識，其功足以運籌通變，成策略之奇；雄才糾姦討亂，猛毅昭著，其功足以討平不服，振威敵國。堪爲王佐才、幹國器，然或失韜諱、或失激訐，終爲才命所限，以致違理失機，功敗垂成。唯兼有英才與雄才，乃可得稱「命世之才」、「眞英雄」，始足以濟亂安民，而唯劉邦足以當之。英雄篇持客觀之觀點，剖判英雄與非英雄；更使英雄與英雄相較量，而論其在政治上成大業之關係，其言曰：

若一人之身，兼有英雄，則能長世；高祖、項羽是也。然英之分，以多於雄，而英不可以少也。英分少，則智者去之，故項羽氣力蓋世，明能合變，而不能聽采奇異，有一范增不用，是以陳平之徒，皆亡歸高祖。英分多，故群雄服之，英材歸之，兩得其用，故能吞秦破楚，宅有天下。

三國之世，孰能總英雄，孰足以撥亂反治，宅有天下，由茲可定。然欲躋生民於樂土，致天下於太平，則非全德聖人未能臻之。

叁、法術不可偏廢

劉卲本傳載劉氏於明帝太和三年，與議郎庾嶷、荀詵等定科令、作新律十八篇，著律略論；又於景初中受詔作都官考課法，知其深通法理、律令。以值亂離之世，儒家道德已不足規範人心，爲撥亂反治，不得不師商韓而尚法術，以行督責之政也。

劉昞釋利害篇之題意云：「建法陳術，以利國家，及其弊也，害歸於己」，其立意之大端可窺矣。又流業篇分人流之業爲十二，而以德、法、術三材爲源；臧否、伎倆、智意又爲其流；而德者因其德行高妙，容止可法，行爲物範，可爲師氏之任。至於法、術二流，則可使之掌握實權，處理國事。蓋法家可以建法立制，富國強人，可立於司寇之任，行公正之政，以禁制姦暴，其功足以立法成治。而術家思通道化，策謀奇妙，可爲三孤之任，掌以廟謨，行變化之政，其功足以運籌通變。爲政者，善用法術，則可富強平治矣。劉卲本人躬與機要，對時局認識最清楚，故特強調法術之重要。

又人性多趨名利、避損害，忿爭由茲而興，苟不制之以法，威之以刑，難以收效。況值衰世，人心思亂，非行策術之謀，無以治難；非施威猛之政，無以討亂。此實視俗施教，處危邦之政，固不可以平世之事爲例也。然劉氏於法術二家之利害與異同，所見亦甚明晰，利害篇云：

> 法家之業，本於制度，待乎成功而效，其道前苦而後治，嚴而爲衆。故其未達也，爲衆人之所忌，已試也，爲上下之所憚，其功足以立法成治，其弊也，爲群枉之所讎。其爲業也，有敝而不常用，

故功大而不終。術家之業出於聰思，待於謀得而章，其道先微而後著，精而且玄，其未達也，爲衆人之所不識；其用也，爲明主之所珍，其功足以運籌通變，其退也，藏於隱微，其爲業也，奇而希用，故或沈微而不章（註六）。

又接識篇云：「法制之人，以分數爲度，故能識較方直之量，而不貴變化之術。」法家之材，一本剛直之性情；剛直者不能迴撓，其長在公正不私，及說變動，則否戾而不入，因失之機械刻削，故易爲衆人所忌、上下所憚，以是功大不終，此商君車裂，吳起支解之因也。至於術家一本權略陰謀，其行事始終隱微不露，故多沈微不爲衆人所識。及其流也，韜情諳智，知進而不退，用心多媚，離正以自全，則無足論矣。

綜上所述，劉邵之政治思想可得而知矣。本文首由「人材之任使」入，引出「性有寬急，宜有大小；人性不同，能各有異；材能既殊，任政亦異；人材不同，政有得失」四層人事行政之理論，更由之歸結爲取長捨短、因材器使之用人原則。而於君道、臣道之序不可易，於「君以用人爲能，臣以自任爲能」特爲著意。蓋君臣異勢異能，有類今之「權能區分」說也。至以全德聖人主政，可臻太平；欲創大業，實賴英雄之奮其智勇等，亦加申述之。而於三國紛爭之際，劉邵以其一己之特識，明於法理，並因其任政經驗，自覺法術之不可偏廢，故於法術二家之利害得失多所闡發，爲政者固當裁量而取資焉。

【附　註】

註一：程兆熊先生「人物志講義」。

註二：郭象本守份之說以言君臣各有職守，君臣對舉，皆求「各當其能」，如此雖皆屬有爲，卻可達到一徹底無爲之道化政治。「爲於無爲」，是郭象政治觀之樞紐。

註三：徐幹中論務本篇。

註四：劉邵順才性以論人，故對於英雄特能契賞。以英雄乃自然生命之充量發揮。按王粲撰漢末英雄記，寫董卓、呂布、袁紹、曹操、劉備、孫權等人事蹟，可見未含道德判斷。

註五：牟宗三先生於「天才時代之來臨」中，論英雄人物極其精闢，祇因爲英雄具令人傾倒之風姿與風力，其氣機鼓蕩處，披靡一世，足以成就功業，然以其非立根基於超越之理性，故其生命終有缺陷。

註六：韓非「孤憤」言法術之士，操五不勝之勢，且與當塗爲不可兩存之仇，故焉得不危，劉邵論法術之材，似有取於此，從人物志利害篇可窺一斑。

第四章　劉邵知人與觀人之原理、方法

（附）人物志與相者之說殊科

章太炎先生謂「魏文帝作士操，劉劭作人物志……其書專爲選擧而作」，選擧之意在選賢擧能，使賢者在位，能者在職。而欲所選皆賢能，則知之必審，用之必當。夫爲政首在得人，得人則昌，失人則亡。故書經皐陶謨曰：「知人則哲，能官人」，知人之事即在經緯天地而材官萬物，使百官稱職，萬務咸治也。古訓所示，先賢所重，無不以羅致人才爲首務。然欲用人須先求知人，知人誠智，則可善致其人于實用，且可在所用之人中，更求知人之眞徹，知之愈眞徹，則用人愈臻完善。蓋知人可證驗用人。以用人驗證知人。眞求更眞，善取更善，是知人與用人循環相關。且夫知之深，則信之篤，信之篤則樂於用之，推心置腹，雖謗書盈篋，不爲所惑；雖讒言車載，不爲所動；而被用者亦樂從之，雖效死不辭。上下相得，協調合作，則功成業就矣。反之則疑，疑則交嫉，嫉則兩失，故危莫危於任疑。昔張居正言：「欲用一人，須愼之於始，務求相應，既得其人，則信而任之」，愼於始，即善知也。然知之實難。人物志效難篇云：「何謂難知之難？人物精微，能神而明，其道甚難，是難知之難也。是以衆人之察，不能盡備，故各自立度，以相觀采」。立政既以官才爲本，而人物難知，情僞難明；尤奇遊雜，難以精辯；昔莊子列禦寇篇曾託孔子之言曰：「凡人心險於山川，難於知天，天猶有春秋冬夏旦暮之期，人者厚貌深情，故有貌愿而益，有長若不肖，有順懁而達，有堅而縵，有緩而釬」。人道舛駁，初甚難知，然亦由知人者致知能力有限，闇於一曲，故觀人察物，原自有誤。則知人之難，有自知之難與人之難知也。古人云：「知人者智，自知者明」，知人既以爲難，自知誠亦不易。必知己知彼，乃可謂知人。而常人詳於知彼而略于知己，則觀人焉得不失哉？此劉卲人物志之所由作也。要亦鑑於人物精微，辨之甚難，故尋流照原，究析材性，明性分之厚薄，程官品之異宜，俾官人者，用以彰邪正，別薰蕕，剔姦除蠹之龜鑑焉。僅以茲篇聊述其觀人之理：

第一節　知人之難

壹、人之難知

人稟陰陽之氣以立性，而氣性之理，不易量化；生命之理，甚微而玄，故察知爲難。

一、間雜依似，情僞難明

夫人心不同，各如其面，形乎外者未必存乎內，有是中者，未必見乎外。故有似是而非，似非而是者。厚貌深情，虛實難明，苟識有不燭，神有不明，則眞僞莫分，邪正靡別。劉卲論人物之本，出乎情性，苟性不精暢，九徵有違，則間雜依似，情貌不一矣。是以有外恭而內欺，溫良而爲詐者。此八觀篇所云：

> 偏之與依，志同質違，所謂似是而非也。是故輕諾似烈而寡信，多易似能而無效，進銳似精而去速，訶者似察而事煩，訐施似惠而無成，面從似忠而退違，此似是而非者也。亦有似非而是者，大權似姦而有功，大智似愚而內明；博愛似虛而實厚，正言似訐而情忠。夫察似明非，御情之反，有似理訟，其實難別也。非天下之至精，其孰能得其實？故聽言信貌，或失其眞；詭情御反，或失其賢，賢否之察，實在所依，是故觀其所依，而似類之質可知也。

以其無實質，無性情之純，故有碩言瑰姿，內實乖反者，常人之察，或以巧飾爲眞實，或以瑰姿爲巨偉，終被蒙蔽而不自知。劉邵辨析僞似之情，若明鏡高懸，於材理篇立「七似」之說，以破惑衆之言論。其言曰：

> 有漫談陳說，似有流行者；有理少多端，似若博意者；有迴說合意，似若讚解者；有處後持長，從衆所安，似能聽斷者；有避難不應，似若有餘，而實不知者；有慕通口解，似悅而不懌者；有因勝情失，窮而稱妙，跌則掎蹠，實求兩解，似理不可屈者，凡此七似，衆人之所惑也。

世儘有外佯稱善，內實不知者；或實不知，妄佯不應，似有所知而不答，故作「大辯若訥」狀；或辭已窮而猶以爲未盡其妙，理已失而强牽據，道聽途說，心樂兩解。類此假合炫耀，迷惑不眞者，皆齊竽混吹之流，苟能繪出遮情，燭照其非，則將嗒然若喪矣。昔孔子厲斥鄉愿爲德之賊，正因其矯情自飾，同流合汚，居之似忠信，行之若廉潔，閹然媚世，巧辯如流，而正足亂德，苟不明察，則恐蘭艾弗擇，魚目混珍也。

近代心理學之發達，言人格之結構就發展與活動之程序，可分爲本我、自我、超我三層，亦卽動機階層、知覺階層、與行爲階層。動機階層居於人格之中心區域，爲人類一切活動之本源，乃人格行爲最基本之動力組織，決定個人行爲之目的。知覺階層爲認識之階段，負有溝通行爲與動機間之矛盾解釋功能。行爲階層居最外層，爲自我與環境接觸後所表現之具體物性，已受道德、傳統與風俗之檢束矣。故人格之特質可大別爲本源特質與表面特質，表面特質爲直接與外界環境接觸之現象群；本源特質則深藏於中，不易被察覺。夫人不能離群索居，須與他人交往接觸，故人格之塑造，乃同時具有「通性」、「群性」與「個性」三者。通性者，乃指人類共同之屬性言，爲可知之普遍人性，若善善惡惡之情等。群性則指同一社會制度、傳統文化下所孕育之類似思想行爲，亦爲可知者；而個性則爲個人於特殊遺傳與環境經驗下所摶塑而成者，具複雜性、流動性與獨特性。人所表現於外者，僅爲通性或群性，亦卽可容於社會道德之光明面，至其強烈之動機與欲望，則深藏不露，甚不易知。偶或披露一端，似可乘隙以窺，終因隱晦難明，得少失多。則眞欲格量賢愚，分辨玉石，特須透過人格結構之行爲、知覺、動機三大階層，予以分析，庶可少誤耳。孔子云：「視其所以，觀其所由，察其所安」，此所以、所由、所安，實可解釋爲上列之三大階層也。

良以動機與行爲間之關係紛岐，故內外不符，情僞難明，有似是而實非，若然而不然，若碔砆之亂瑾瑜、鷦螟之似鳳凰、鄉愿之混道德等皆此類也。大戴記文王官人篇有「觀隱」一目，其言曰：

生民有陰陽，人有多隱其情，飾其僞，以賴於物，以攻其名也。有隱於仁質者，有隱於知理者，有隱於文藝者，有隱於廉勇者，有隱於忠孝者，有隱於交友者，如此者，不可不察也。

蓋奸者善於文過飾非，佞者善於奴顏婢膝，邪者善於察色娛形，惡者善於挾下要上，不肖者善於肆應圓轉，無能者善於謹飾週旋，故反被視爲忠誠，得寵信重用，用才取士，推昵結友，不可以不精擇，不可以不詳試也。六韜武韜發啓云：「必見其陽，又見其陰，乃知其心；必見其外，又見其內，乃知其意；必見其疏，又見其親，乃知其情。」昔易牙烹子以慊桓公，桓公以爲忠而召之，終受其凶。夫人心難知，故儘有僞飾聖賢而爲大奸慝者，有狀似君子而實小人者；有貌似忠順而內懷篡亂者，有似廉正而實貪枉者；有盛名一時終無眞才實學者，有聰明睿知而不肖者；有外若勇毅而實懦弱者，或可共安樂而不能共患難者，虛僞變詐，讒諂卑佞，其非大明，玄鑒幽微，焉能免於取舍之恨哉！人物志之觀人也，由外見之符，以驗內藏之器，必求內外之相符而後已。效難篇云：

> 是故必有草創信形之誤，又有居止變化之謬；故其接遇觀人也，隨行信名，失其中情。故淺美揚露，則以爲有異；深明沉默，則以爲空虛；分別妙理，則以爲離婁；口傳甲乙，則以爲義理；好說是非，則以爲臧否；講目成名，則以爲人物；平道政事，則以爲國體；猶聽有聲之類，名隨其音。

以色貌取人，其行或違；有身在江湖，心懷魏闕者；世之疑惑，皆此類也。故聖人聽言觀行，如有所譽，必有所試焉。人物志八觀篇，即全以心理學爲基礎，益之以常識之判斷，辨析素質，精審情機，本內在顯透以立論，故以間雜依似，情僞難明者，皆因無性情之純故也。八觀篇曰：

> 何謂觀其奪救，以明間雜？夫質有至有違，若違勝至，則惡情奪正，若然而不然。故仁出於慈，有慈而不仁者；仁必有恤，有仁而不恤者；厲必有剛，有厲而不剛者。若夫見可憐則流涕，將分與則吝嗇，是慈而不仁者。覩危急則惻隱，將赴救則畏患，是仁而不恤者。處虛義則色厲，顧利慾則內

荏，是厲而不剛者。然則，慈而不仁者，則吝奪之也；仁而不恤者，則懼奪之也。厲而不剛者，則慾奪之也。故曰：慈不能勝吝，無必其能仁也；仁不能勝懼，無必其能恤也；厲不能勝慾，無必其能剛也。是故不仁之質勝，則伎力爲害器；貪悖之性勝，則強猛爲禍梯。亦有善情救惡，不至爲害；愛惠分篤，雖傲狎不離；助善著明，雖疾惡無害也；救濟過厚，雖取人不貪也；是故觀其奪救，而明間雜之情，可得知也。

凡此所謂慈而不仁，仁而不恤，厲而不剛者，皆由於無其性情之純，故爲惡情所奪，未得其正。苟能自知其缺失，以善情救惡，力去間雜，則可裨補之。理本之論，刻深之語，豈相者之談所能與哉！

二、長中有短，短中見長

人之性資於陰陽，苟陰陽不淸和，苟一至之名，稱之爲偏材。偏材之性，或拘或抗，拘抗違中，故有得有失；見之於事業，因有利有害。人或見其長而忽其短、視其短而略其長，甚或疏善、善非；而有情通意親，忽忘其惡；志乖氣違，忽忘其善之失。故體別篇先辨明偏材之美失。茲就其言，立簡表以明之：

抗奮之型—（剛）

厲直剛毅，材在矯正，失在激訐

雄悍傑健，任在膽烈，失在多忌

强楷堅勁，用在楨幹，失在專固

普博周給，弘在覆裕，失在溷濁

休動磊落，業在攀躋，失在疏越
樸露徑盡，質在中誠，失在不微

拘謹之型—（柔）

柔順安恕，美在寬容，失在少決
精良畏慎，善在恭謹，失在多疑
論辯理繹，能在釋結，失在流宕
清介廉潔，節在儉固，失在拘扃
沈靜機密，精在玄微，失在遲緩
多智韜情，權在譎略，失在依違

九徵篇亦云：

明白之士，達動之機，而暗於玄慮。
玄慮之人，識靜之源，而困於速捷。

有達有闇，有長有短，聖人任明白以進趨，委守成於玄慮，然後動止得節，出處應宜。知人當審其內外顯隱，長短得失，且由短以見長，既知其長，乃可去其短。八觀篇：

何謂觀其所短，以知所長？夫偏材之人，皆有所短，故直之失也訐，剛之失也厲，和之失也輭，介之失也拘。夫直者不訐，無以成其直；既悅其直，不可非其訐；訐也者，直之徵也。剛者不厲，無以濟其剛；既悅其剛，不可非其厲；厲也者，剛之徵也。和者不輭，無以保其和；既悅其和，不可非其輭；輭也者，和之徵也。介者不拘，無以守其介；旣悅其介，不可非其拘；拘也者，介之徵也。然有短者，未必能長也，有長者，必以短爲徵。是故觀其所短，而其材之所長可知也。

人有所長，則有所短；短爲所長之徵，觀短卽知其長。玆就劉卲之意列表明之：

長	短	關係
直	訐	直以訐成之，訐爲直之徵。
剛	厲	剛以厲濟之，厲爲剛之徵。
和	輭	和以輭保之，輭爲和之徵。
介	拘	介以拘守之，拘爲介之徵。

程兆熊先生云：「人之相與，初則多見所長，久則漸見所短。此因人情多顯其長而掩其短，惟久則難掩之所致。以此之故，觀人者總須初觀其短，方可久見其長」（註一）。若順著材質之發展，自然善有所章，理有所失，苟不明質，或非者見善，善者見疎，何以故也？七繆篇曰：

夫愛善疾惡，人情所常；苟不明質，或疏善，善非；何以論之？夫善非者，雖非猶有所是，以其所是，順己所長，則不自覺情通意親，忽忘其惡。善人雖善，猶有所乏，以其所乏，不明己長，以其所長，輕己所短，則不自知志乖氣違，忽忘其善。是惑於愛惡者也。

惡者既有百非，必有一是，且以其善掩其惡以見其善，則偶見其是與己所長相同，則忘其百非；善人雖有百善，或有一短，其短與己所長異，則百善皆棄矣。此由徵質不明，終陷於惑。觀人之際，焉可不審於短長之相互相成乎？

三、達約易操，情變莫由

人格乃一複雜之組合，其情感、志趣、行動，每因外在環境之推移而起變化。故異時異勢而有異行，或前鄙而後修，或幼儁而老悖。是知始未足料其終，士儘有中外異致，始末殊方者，情變如此，不可常準。七繆篇云：

夫人材不同，成有早晚，有早智而速成者；有晚智而晚成者，有少無志而終無所成者，有少有令材遂爲儁器者，四者之理，不可不察。夫幼智之人，材智精達，然其在童髦，皆有端緒。故文本辭繁，辯始給口，仁出慈恤，施發過與；愼生畏懼，廉起不取。早智者淺惠而見速，晚成者奇識而舒遲。終嗇者並困於不足，遂務者周達而有餘。而衆人之察，不慮其變，是疑於早晚者也。

夫人之德性，資之繼成，初未始有異也，而終之相去懸絕者，是「醇駁較於材，隆汚判諸習」，賢不肖殊途矣。效難篇云：

所以知質未足以知其略。且天下之人，不可得皆與遊處，或志趣變易，隨物而化。或未至而懸欲，或已至而易顧；或窮約而力行，或得志而從慾，此又居止之所失也。行有始正而終邪，若夫差之即位也，志在復仇，寢不安息，食不甘味。及其敗越也，志倦垂成，荒湛自娛，終爲越所乘。王莽初則布衣折節，行若伊呂，卒則窮奢極侈，劇於趙高，所謂「靡不有初，鮮克有終」者，即指性行之惑變也。故視其外狀，可以得一，未足盡知。人心多方，不可究詰，至於處虛義則色厲，顧利欲則內荏；臨大節則苟且，將赴救則畏患者，不可勝論。要亦思想轉變，價值觀念亦因之而變，而全人格亦且隨之變易矣。衆人之察，不慮其變，焉能得其實哉！

上述三種，皆由客體本身之複雜性，足以混淆人之理智，因其所顯不明，使識者難窺其眞也。其下更述主體本身之缺陷，兩相印證，以見知人之難。

貳、自知之難

知人之難，固由人之厚貌深情，居止變化，難得其眞，亦由於觀人者之自蔽與受蔽也。蓋觀人憑一己之主觀愛憎，以己度人；或智有不及，難識奇尤；或眩於名實，惑於毀譽；或形貌錯覺，未辨虛實。以是善惡紛拏，賢愚瞀亂。故君子反諸己，而後求諸人。茲就己之所蔽，條述於后：

一、智有不及，難識奇尤

夫人之致知能力有二，即感官與理智也。而此二者本身皆有其限制，更加外在因素之阻擾，所得甚爲有限。

孔子曾云：「中人以上，可以語上也。中人以下，不可以語上也。」蓋衆人所識者，但以智材勝己則以爲貴，其於超奇終莫能識之。劉卲於七繆篇云：

衆人之所貴，各貴其出己之尤，而不貴尤之所尤。是故衆人之明，能知輩士之數，而不能知第目之度；輩士之明，能知第目之度，不能識出尤之良也。出尤之人，能知聖人之教，不能究之入室之奧也。

茲以簡表明之：

聖境↑聖人之教↑出尤之良↑第目之度↑輩士之數↑衆人

此說之理論基礎植基於資質之差別性，故接識篇云：

故一流之人，能識一流之善；二流之人，能識二流之美；盡有諸流，則亦能兼達衆材，故兼材之人，與國體同。

世唯有伯樂方能識千里馬，亦唯有英雄方能識英雄。夫英逸之才，非淺短所識，苟聰鑒不足，則俊民與庸夫一概矣。良以尤妙之人，含精於內，外無飾姿，衆人之察，或以貌少爲不足，或以直露爲虛華，此馮唐白首，屈於郎署，世多絕異，爲世所遺也。又若聖賢之倫，其尤彌出，其道彌遠，非天下之至精，其孰能與於此。如張良體弱，荆軻色平，却不失爲衆智之儁，衆勇之傑，此衆人之尤，或衆尤之尤，豈凡人所能驚識耶？此皆智有不及、識有不周也。人物志七繆篇特立「觀奇有二尤之失」，以暢此旨。其言曰：

夫淸雅之美，著乎形質，察之寡失；失繆之由，恆在二尤。二尤之生，與物異列。故尤妙之人，含精於內，外無飾姿；尤虛之人，碩言瑰姿，內實乖反，而人之求奇，不可以精微測其玄機，明異希。

夫尤物不世見，而奇逸美異，豈「但識同體之善」之常人所能識耶？是小知不能識大智，所謂「燕雀安知鴻鵠之志」者也。神儁超尤，貴在瞻形得神，遺粗得精，拘虛篤時者，焉得其機哉？

二、以己度人，自是自用

夫偏材之性，拘抗違中，各有短長；苟不揆之中庸，以戒其材之偏失，甚且以其所長，相輕所短，則拘者愈拘，抗者愈抗。拘抗對反，橫相毀謗，以故自是自用，不能聽取善言，旁采奇異矣。體別篇云：

> 是故强毅之人，狠剛不和，不戒其强之搪突，而以順爲撓，厲其抗。柔順之人，緩心寬斷，不戒其事之不攝，而以抗爲劌，安其舒。雄悍之人，氣奮勇決，不戒其勇之毀跌，而以順爲恇，竭其勢。懼愼之人，畏患多忌，不戒其輭於爲義，而以勇爲狎，增其疑。凌楷之人，秉意勁特，不戒其情之固護，而以辨爲僞，强其專。辨博之人，論理贍給，不戒其辭之汎濫，而以楷爲繫，遂其流。弘普之人，意愛周洽，不戒其交之溷雜，而以介爲狷，廣其濁。狷介之人，砭清激濁，不戒其道之隘狹，而以普爲穢，益其拘。休動之人，志慕超越，不戒其意之大猥，而以靜爲滯，果其銳。沈靜之人，道思迴復，不戒其靜之遲後，而以動爲疏，美其輭。樸露之人，中疑實䂂，不戒其實之野直，而以譎爲誕，露其誠。韜譎之人，原度取容，不戒其術之離正，而以盡爲愚，貴其虛。

此皆固拘己性，囿於成見，以我爲判別標準，故自是而非人。此種「我蔽」，實爲諸蔽之根源，我蔽不除，諸蔽難得而除，蓋先入爲主，障蔽理路，造成各種偏見，實自絕於眞理也。故孟子云：「訑訑之聲音顏色，距人於千里之外。士止於千里之外，則讒諂面諛之人至矣。與讒諂面諛之人居，國欲治，可得乎？」此項羽氣力蓋世，明能合變，而不能聽采奇異，有一范增而不用，是以陳平之徒，皆亡歸高祖，終至功敗垂成者也。劉邵人物志歷述偏材對異體疑慮之情，其意即在掃除此障也。

良由自是自用，以忤合爲準，則人之有善，耳不樂聞。故聞法疑其刻峭，聞術疑其詭詐。疑惑滋甚，拘執愈烈。夫愛同惱異，則貴乎合己，賤於對反；故必諭以同體，然後有親愛之情，稱擧之譽；反之，則志乖氣違，相迨相非矣。

由互相非駁，莫肯相是，至以己度人，推情各從其心，以偏概全，蔽於一曲。接識篇云：

夫人初甚難知，而士無衆寡，皆自以爲知人。故以己觀人，則以爲可知也；觀人之察人，則以爲不識也。

常人之以爲知人者，皆憑一己主觀之推測，想其當然，非就人觀人，就物觀物也。列子說符篇言：

人有亡鈇者，意其鄰之子；視其行步，竊鈇也；顏色，竊鈇也；言語，竊鈇也；作動態度，無爲而不竊鈇也。俄而扣其谷，而得其鈇。他日復見其鄰人，作動態度，無似竊鈇者。

夫心理錯覺，足以擾亂清平，使不得正視事理。故論語云：「不逆詐，不億不信。」務去逆詐，而以人度人，以情度情，以類度類，無適無莫，毋意毋必，始可免於斯陋。以己度人，則意之所非，不肯是之於人；或推己之信，以爲天下皆信，而詐者得容爲僞矣；推已之詐，以爲天下皆詐，則剛信者或受其疑矣。夫眞正之知人，必性情與性情之接觸，精神與精神之交貫，心靈與心靈之會通，生命與生命之融合。苟憑臆詐，則恐肝膽楚越，骨肉行路矣。故君子戒愼乎其所不睹，恐懼乎其所不聞。必見其隱、審其微，知之爲知、不知爲不知。否則，或無以識奇偉，或執迷不悟，自誤誤人。此大戴禮曾子立事篇所云：「君子不先人以惡，不疑人以不信」也。蓋妄臆則生疑，疑之甚，則頓失客觀，雖實而不納矣。

三、眩於名實，惑於聽聞

人與外界交往，思想行動橫受外來因素影響而情不自已！逮及觀人之際，或眩於名實，迷信權威；或惑於聽聞，信人毀譽，以多自證，以同自慰，以是所譽則百善集中於一身，所毀則衆惡歸於一人。此由輿論之錯覺，擾亂觀采，亦爲知人之蔽障也。

夫衆口鑠金，積非成是。故孔子云：「衆好之必察焉，衆惡之必察焉。」良由衆之所好所惡，未可爲憑也。孟子言：「左右皆曰賢，未可也；諸大夫皆曰賢，未可也；國人皆曰賢，然後察之。……左右皆曰可殺，勿聽；諸大夫皆曰可殺，勿聽；國人皆曰可殺，然後察之。」既詢於衆議，又經一番察考之後，見其賢乃舉之，見其頑而後殺之。苟不明察，但憑衆譽衆毀爲進退之准，則潔己者將不容於鄉黨，媚衆者反得美譽於當世矣。而世之聽聲用名者衆，察實審能者寡，故能否之分不定矣。夫一犬吠形，百犬吠聲，「鷄可以姦聲感，而人亦可以僞恩動也。人可以僞恩動，則是非混淆矣」（註二）。戰國策秦策舉「曾參母三聞『曾子殺人』，投杼踰牆而走」之事，以明人言可畏，足亂視聽，故孔子於人，誰毀誰譽，如有所譽，其有所試，即正視輿論之未必符實也。人物志七繆篇云：

> 夫采訪之要，不在多少。然徵質不明者，信耳而不敢信目；故人以爲是，則心隨而明之；人以爲非，則意轉而化之，雖無所嫌，意若有疑。且人察物，亦自有誤，愛憎兼之，其情萬原，不暢其本，胡可必信？是故知人者，以目正耳，不知人者，以耳敗目。故州閭之士，皆譽皆毀，未可爲正也。

交游之人，譽不三周，未必信是也。……耳所聽采，以多爲信，是謬於察譽者也。

劉卲提出「州閭之士，皆譽皆毀，未可爲正也」，以申采訪要在得正，得正則能暢本，本暢則耳目不亂矣。夫人之情僞難明，愛憎難防，一有愛憎，卽落主觀好惡，好惡殊方，則悖本離正矣。故徵質不明者，信耳不敢信目，貴所聞而賤所見，人云亦云，毀譽隨之，使向之所是，化而爲非；向之所非，轉而爲是，是非顚倒，則賢愚何由分哉？故知人者，必詳考所聞，正之以目，去愛憎之情，破依阿之僞，「無以靡曼辯詞定其行，無以毀譽非議定其身」（註三），昔張居正陳六事疏曾云：「至於用舍進退，一以功實爲準，毋徒眩於聲名，毋盡拘於資格，毋搖之以毀譽，毋雜之以愛憎，毋以一事概其平生，毋以一眚掩其大節」，此實知人用人之銓衡也。

夫浮言妨要，讒謗傷廉，蜚流之言，百傳之語，離實傷本，適足以破壞大道，焉可以多爲信哉？

且常人之所貴者，名而已矣！是以多陰行以取名，比周以相譽，造成名實之不符。名實旣不相副，則眩於名者，惑莫大焉。且人所處之勢有申有壓，處富貴則雖無智材亦可行成名立，處貧賤則雖無罪尤猶蒙謗見廢。是隨人毀譽，終失其實。人物志七繆篇云：

> 夫人所處異勢，勢有申壓；富貴遂達，勢之申也。貧賤窮匱，勢之壓也。……是故藉富貴則貨財充於內，施惠周於外；見贍者求可稱而譽之，見援者闡小美而大之。雖無異材，猶行成而名立；處貧賤則欲施而無財，欲援而無勢，親戚不能恤，朋友不見濟，分義不復立，恩愛浸以離，怨望者並至，歸非者日多，雖無罪尤，猶無故而廢也。

申壓有時，勢來則益，勢去則損，故以申達者爲材能，壓屈者爲愚短。行雖在我，而名稱在世，苟隨行信名，恐失眞智矣。此猶「聽有聲之類，名隨其音」，若魯國儒服者，衆人皆謂之儒，立而周之，一人而已，欲破虛實相蒙，則貴乎理本。效難篇云：

夫名非實，用之不效。故曰：名猶口進，而實從事退。中情之人，名不副實，用之有效。故名由衆退，而實從事章，此草創之常失也。

初察人物，常眩於虛名，惑於毀譽。而世多眞智在中，衆所不能見，故無外名者；亦有徒具虛名，內實乖反，用之不效者。名本不足恃，不亦明乎？

四、愛憎情詭，莫得其中

不論賢愚，皆有愛惡之情，然神有晦明，識有通塞，以是毀譽不同，愛憎各異。人物志七繆篇云：「且人察物，亦自有誤，愛憎兼之，其情萬原，不暢其本，胡可必信？」愛憎之情，其原萬端，難得其中。故觀人察物，若務隨愛憎誣人之善惡，則恐「疏善、善非」矣。八觀篇云：

夫人之情有六機：杼其所欲則喜；不杼其所能則怨；以自伐歷之則惡；以謙損下之則悅；犯其所乏則婟，以惡犯婟則妬，此人情之六機也。

夫人情莫不欲遂其志，苟贊其志杼其能，則莫不欣然；人情莫不欲處前，故惡人之自伐、較勝；人情皆欲求勝，若援之以謙，則無不色懌；人情皆欲掩其所短，見其所長，故人稱其所長則悅，稱其所短則恤矣；人情陵上者也，若以長駁短，是所謂以惡犯婟，則妬惡生矣。良以「愛同憎異」之情作祟，以是親愛同體，非毀對反；則凡順於己者，不自覺情通意親，忽忘其惡。即其不協，則「志乖氣違，忽忘其善」矣。愛惡之情既惑，則是非何由辨，賢愚何由分哉？所謂「偏嗜酸鹹者，莫能知其味」，即此也。七繆篇云：

是以偏材之人，交游進趨之類，皆親愛同體而譽之，憎惡對反而毀之，序異雜而不尙也。……夫譽同體，毀對反，所以詆彼非而著己是也。至于雜異之人，於彼無益，於己無害，則序而不尙。是故同體之人，常患於過譽，及其名敵，則尠能相下。……是故性同而材傾，則相援而相賴也；性同而勢均，則相競而相害也，此又同體之變也。故或助直而毀直；或與明而毀明，而衆人之察，不辨其律理，是嫌於體同也。

夫同體則兩喜，兩喜必多溢美之言；異體則兩怒，兩怒必多溢惡之詞。而詐僞者以是投好趨合，以見親近，益親則譽而舉之，使之當道；不肖者當道，則賢良沒而不彰矣。此世有「如登龍門」（註四）與「三世不遇」（註五）之對反也。

且愛憎常變，當情同意合之時，謂「矯駕爲至孝，殘桃爲至忠」；及其色衰愛弛，乃數以不敬之罪，此前之所以見賢，而後獲罪者，愛憎之變也。夫愛憎決於心；情僞由於己，苟不均稱尺，務隨愛憎，則妬惡競害，其无已時矣。喜怒雜中，則觀人焉得無蔽哉！

五、形貌錯覺，信僞迷真

觀人之初，每以色貌取人，直接就對方所呈現之外在形貌獲致第一印象。此第一印象之良否，每決定其美惡之判斷。世之相者，徒以一面之交，定臧否之決，皆此類也。而漢魏之際，鄉里月旦之評，有所謂「一言論定」者，瞻形以得神，皆憑一己直觀之心得，其傳神微妙處，固不可說。然而心性與形貌間之關係，錯綜紛雜；就才力言，或有貌有才，或有貌無才；或無貌有才，或無貌無才。就心術言，有貌善心善者，亦有貌善心惡者，有貌惡心善者，亦有貌惡心惡者，交織並呈，非有銳敏之觀察力與辨別力，外加豐富之經驗，殊難臻其肯綮。良由察外易而知內難；故以貌取人，實失皮相。昔孔子有「以貌取人，失之子羽」之歎，蓋自覺形貌錯覺，足以陷人信僞迷眞也。

夫形貌實可分爲靜態與動態；靜態指形體言，動態則指風度言。形體卽人體之肌理膚廓，風度則爲威儀、態度。而形體之組織，固可關係人之心性智能之長成，一如地形之影響人文；至若儀態之或見諸神色，形諸舉止，亦可窺其情機。以是由外見之符，以觀心之所蘊，本知人之理路。無如「人情險於山川，形滑於眉睫」，常人之觀人，或以「貌少爲不足，或以瑰姿爲巨偉」（七繆篇），故輕蔑貌惡，便疑其淺陋，及其一言而善，叔向因有「幾失子」之歎；江充貌麗，便謂其巨偉，奇而重之，故武帝有哭子之痛。色貌取人，焉往而不失？史稱孔子「首上圩頂」、「腰以下不及禹三寸，傫傫然若喪家之狗」（註六），其外相不可不謂醜矣，然無害於爲聖人。故荀子非相篇云：「相形不如論心，論心不如擇術。形不勝心，心不勝術，術正而心順之，則形相雖惡而心術善，無害爲君子；形相雖善而心術惡，無害爲小人也。」夫鳳之性至仁，其文五色昭明；似鳳性至不仁，其文亦五色，觀人不可不愼也。劉劭雖於九徵篇云：「……體五行而著形，苟有形質，猶可卽而求之。」然推其所論，則要以形相爲觀人之助，更由形相以徵神。並究析其材性，區別其等第，庶幾近眞耳。

史記信陵君列傳云：「人固未易知，知人亦未易也。」人之難知，因人之厚貌深情，依似間雜；長中有短，短中見長；達約易操，情變莫由，精微玄妙，非聖人難以照察，此由客體所顯不明，故難見其眞也。又因觀人者之智有不及，難識奇尤；並內有逆詐臆信之意識橫於心，旁有是非黑白之輿論擾其耳，外有美醜善惡之形貌亂其目，況愛憎難防，情詭難通，主體既有闇蔽，焉能虛心獨鑑哉？夫觀人之有誤，即由客體之不明與主體之闇蔽，此二者，乃識鑒未得其實之癥結也。

第二節　志序人物

夫區分人物類型，中外古今靡不皆然，常見者若君子、小人之判；忠奸、賢愚之別等。孔子家語分人為五類：「見小闇大，不知所務者謂之庸人；心有所定，計有所守者謂之士人；篤行信道，自強不息者謂之君子；德不踰閑，行中規繩者謂之賢人；明並日月，化行若行者謂之聖人。」皆此類也。西人對人性之分類則可溯至希哲之以水、火、土、空氣構成人體之原素說，及後來之多血質、黏液質、黃膽質、黑膽質四類，然皆含義籠統，缺乏科學根據，而已被視為人格型中四分法之嚆矢矣。其後內、外向二分法，內分泌諸型，血型之分等，更相繼風行一行，至今猶被沿用，茲不具論。

人物志於人格之分際特審，故志序人物，或由資質，或依材能，或考言語，或揆心志，或視謙德，無不圓滿精密，自成體系。其間或辨析利害得失，皆出一己之特識，今依其意，立表以明之，以為後人之鑒式焉。

壹、依質之至違分

人含元一以為質，質至則中和平淡，以其陰陽清和，五常純備，九徵皆至，故為至德聖人，乃人格之最高標準；若質有乖違，則爲偏至之材，以勝體爲質矣。九徵篇云：

> 人之質量，中和最貴矣。……是故兼德而至，謂之中庸，中庸也者，聖人之目也。具體而微，謂之德性，德性也者，大雅之稱也；一至，謂之偏材，偏材，小雅之質也。

又云：

> 三度不同，其德異稱：故偏至之材，以材自名；兼材之人，以德爲目；兼德之人，更爲美號。

九徵篇又云：

> 一徵，謂之依似；依似，亂德之類也。一至一違，謂之間雜；間雜，無恒之人也。無恒、依似，皆風人末流，末流之質，不可勝論，是以略而不概也。

以所至之質多寡，而有中庸、德性、偏材、依似、間雜之別，而其才性人格亦有聖人、大雅、小雅、亂德、無恒五等矣。茲以簡表示之：

三度	中庸	兼德而至	聖人之目
	德行	兼材貴德	大雅之稱
	偏材	一至之材	小雅之質
末流	依似	一徵形似	亂德之類
	間雜	一至一違	無恒之人

括其大凡，略有四者：一曰中庸、二曰偏至、三曰間雜、四曰依似。其間差別，本乎量爲標準。于德性之格所標雖高，然未詳論。而中庸之德，自昔難之。間雜依似，又爲風人末流，不足具論，至於偏材則

獨詳焉。

貳、依體越之別分

人稟陰陽以立性，故剛柔之意別矣。拘抗文質，體越各別，今心理學家言人格向正反方向發展，故有內、外向之分，即此意也。而唯中庸之德，汎然無所繫，人不得而稱，以其不偏不倚，變化應節，故爲衆材之所揆。體別篇云：

夫中庸之德，其質無名，故鹼而不鹻，淡而不醋，質而不縵，文而不繢，能威能懷，能辨能訥，變化無方，以達爲節。是以抗者過之，而拘者不逮……及其進德之日，不止揆中庸，以戒其材之拘抗，而指人之所短，以益其失。……是故強毅之人，狠剛不和……柔順之人，緩心寬斷。……雄悍之人，氣奮勇決……；懼慎之人，畏患多忌……，凌楷之人，秉意勁特……，辨博之人，論理贍給……，弘普之人，意愛周洽……，狷介之人，砭清激濁……，休動之人，志慕超越……，沈靜之人，道思迴復……，樸露之人，中疑實硆……，韜譎之人，原度取容……。

中庸之德，不拘不抗，可歸之於全；而儘有其眞，儘有其善，儘有其美，以常處變，不失其中。其餘則過或不及，故善有所章，而理有所失。茲以簡表明之：

全—中庸

偏
- 抗（剛）
  - 彊毅之人
  - 雄悍之人
  - 凌楷之人
  - 弘普之人
  - 休動之人
  - 樸露之人
- 拘（柔）
  - 柔順之人
  - 懼愼之人
  - 辨博之人
  - 狷介之人
  - 沈靜之人
  - 韜譎之人

偏材之人，拘抗違中，抗者自是以奮勵，拘者自是以守局，故或負石沈軀，或抱木燋死。必剛柔相濟乃可。

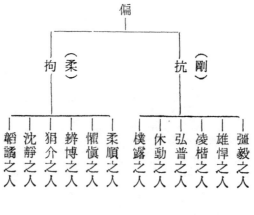

叁、依所任之業分

以德、法、術三材爲源，並顧及質性、染習之差異，枝流條別，分人流之業爲十二，流業篇云：

主德者，聰明平淡，總達衆材，而不以事自任者也。

又曰：

夫德行高妙，容止可法，是謂清節之家；建法立制，强國富人，是謂法家；思通道化，策謀奇妙，是謂術家；兼有三材，三材皆備，其德足以厲風俗，其法足以正天下，其術足以謀廟勝，是謂國體；兼有三材，三材皆微，其德足以率一國，其法足以正鄉邑，其術足以權事宜，是謂器能；兼有三材之別，各有一流，清節之流，不能弘恕，好尚譏訶，分別是非，是謂臧否；法家之流，不能創思遠圖，而能受一官之任，錯意施巧，是謂伎倆；術家之流，不能創制垂則，而能遭變用權，權智有餘，公正不足，是謂智意；能屬文著述，是謂文章；能傳聖人之業，而不能幹事施政，是謂儒學；辯不入道，而應對資給，是謂口辯；膽力絕衆，材略過人，是謂驍雄。凡此十二材，皆人臣之任也。

十二材，又各得其任：

清節之德，師氏之任也。法家之材，司寇之任也。術家之材，三孤之任也。三材純備，三公之任也。三材而微，冢宰之任也。臧否之材，師氏之佐也。智意之材，冢宰之佐也。伎倆之材，司空之任也。儒學之材，安民之任也。文章之材，國史之任也。辯給之材，行人之任也。驍雄之材，將帥之任也。是謂主道得而臣道序，官不易方，而太平用成。

君道平淡，總達衆材，而不以事自任；臣道以幹事爲能，各守一官，竭力致功。君臣異道，相輔而成。

茲以簡表明之：

君道—總達衆材，不以事自任

臣道
- 清節家—師氏之任
- 法家—司寇之任
- 術家—三孤之任
- 國體—三公之任
- 器能—冢宰之任
- 臧否—師氏之佐
- 伎倆—司空之任
- 智意—冢宰之佐
- 文章—國史之任
- 儒學—安民之任
- 口辯—行人之任
- 雄傑—將帥之任

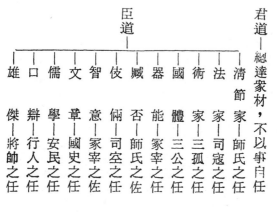

主道、臣道，相得而章，乃致太平。君無為於上，股肱勤勉於下。百司列位，以理叢脞之庶政，各騁才以效職，競能而駢進，而元首則為總成樞紐，所謂「三十輻共一轂」也。上下疏通，血脈貫注，渾然一體，則事舉而業濟矣。

肆、依論理之材分

建事立義，須理而定；論難在求理，而人之認知，通理，受材性決定，材性不同則決理有別，以是由所得之理，分人材為數類，材理篇云：

……談而定理者眇矣。必也聰能聽序，思能造端，明能見機，辭能辯意，捷能攝失，守能待攻，攻能奪守，奪能易予，兼此八者，然後乃能通於天下之理；通於天下之理，則能通人矣。

又云：

不能兼有八美，適有一能，則所達者偏，而所有異目矣。是故聰能聽序，謂之名物之材；思能造端，謂之構架之材；明能見機，謂之達識之材；辭能辯意，謂之贍給之材；捷能攝失，謂之權捷之材；守能待攻，謂之持論之材；攻能奪守，謂之推徹之材；奪能易予，謂之貿說之材。

情有所偏，乃各以其心之所可以為理。由其所通之理立名，而有八材，亦唯通人能通天下之理矣。

通理—通理之材—明含家理

專理
- 名物之材—聰能聽序
- 構架之材—思能造端
- 達識之材—明能見機
- 瞻給之材—辭能辯意
- 權捷之材—捷能攝失
- 持論之材—守能待攻
- 推徹之材—攻能奪守
- 貿說之材—奪能易予

由談論之技巧，亦可見其才。蓋言爲心聲，以之論理，各以所達以見其能。而具性情之貞明者，乃能含有全副之理性矣。

伍、由材能分

能有大小異宜，量能授官，或以智勝，或以材勝；智勝者能言，材勝者能行；或論道獻策，或幹事施政，而皆偏材之人也。至於國體之人，則能言能行；國君又與上列異能矣。材理篇云：

> 國有俗化，民有劇易，而人材不同，故政有得失。是以王化之政，宜於統大；辨護之政，宜於治煩；策術之政，宜於治難；矯抗之政，宜於治侈；諧合之政，宜於治新；公刻之政，宜於糾姦；威猛之政，宜於討亂；伎倆之政，宜於治富。故量能授官，不可不審也。凡此之能，皆偏材之人也。故

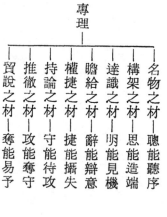

或能言而不能行，或能行而不能言，至於國體之人，故爲衆材之儁也。人君之能異於此，臣以自任爲能，君以用人爲能；臣以能言爲能，君以能聽爲能；臣以能行爲能，君以能賞罰爲能，所能不同，故能君衆材也。

茲以簡表明之：

無言無爲，總達衆材—人君

- 能言能行—國體
- 能言（智勝）—
  - 王化
  - 策術
  - 諧和
  - 伎倆
- 能行（材勝）—
  - 辨護
  - 矯抗
  - 公刻
  - 威猛

國之元首，居衆材之上，不以自任與能言能行爲能，故不因一材廢衆材。至於國體之人，三材純備，智勇雙修，故能言能行，其餘則皆一味之美耳。

陸、由天姿分

英雄乃本原生資稟之充量發揮，一味呈其光彩，各奮其智勇，以創大業，而皆生民之秀傑也。英雄篇云：

夫草之精秀者爲英，獸之特群者爲雄，故人之文武茂異，取名於此。是故聰明秀出謂之英，膽力過人謂之雄。此其大體之別名也……，英可以爲相，雄可以爲將。……若一人之身，兼有英雄，乃能役英與雄，能役英與雄，故能成大業也。

英以文昌，雄以武稱，足創大業，未足臻太平。能總英雄，乃爲命世之才，而能濟亂安民矣。茲以簡表示之：

- 命世之才—總英才與雄才—文武茂異
  - 英才—聰明秀出—文
  - 雄才—膽力過人—武

昔橋玄謂太祖曰：「天下將亂，非命世之才，不能濟也；能安之者，其在君乎！」（魏志武帝紀），又鮑信獨謂太祖曰：「夫略不世出，能總英雄，以撥亂反正者，君也！」則一人之身，兼有英雄，則爲命世之才，足以長世矣。按嵇康有明膽論，言：「明以見物，膽以決斷，專明無膽，則雖見不斷，專膽無明，違理失機。」則與劉邵之論英雄相合，唯更加超脫而遠於現實耳！

柒、由心志分

心之大小，本乎識；志之大小，由乎質。以嗛小之心愼咎悔，以宏大之志戡物任。衆人無其識，無其質，見沛公燒絕棧道，而陋其心小，以爲不能定天下；見項羽號稱強楚，而壯其志大，以爲足以匡諸侯。故由心志可等其格矣。七繆篇云：

夫精欲深微，質欲懿重，志欲弘大，心欲嗛小。精微所以入神妙也；懿重所以崇德宇也；志大所以戡物任也；心小所以愼咎悔也。……由此論之，心小志大者，聖賢之倫也；心大志大者，豪傑之儁也。心大志小者，傲蕩之類也；心小志小者，拘愞之人也。衆人之察，或陋其心小，或壯其志大，是誤於小大者也。

此所謂心，實指人之欲望，爲物質上之佔有慾；以其佔有慾小，故能小心翼翼，不大聲以色，虛心謙遜，唯恐咎悔。以其不貪求大名，故不驕陵。此所謂志，實指人之理想抱負，爲精神上之創造欲，唯其志高望遠，故慷慨奮昂，一怒定天下。其非聖賢，何能臻此。玆以簡表明之：

- 心小志大者—聖賢之倫也。
- 心大志大者—豪傑之儁也。
- 心大志小者—傲蕩之類也。
- 心小志小者—拘愞之人也。

心志之不同，故有聖賢、豪傑、傲蕩、拘愞四等，其性行、材能，俱有顯著之差異。傲蕩、拘愞、實風人末流，不足論也。

捌、由謙德分

善以不伐爲大，賢以自矜爲損，故舜以卑讓爲天下倡，湯以降下爲後世法。君子「舉不敢越儀準，志不敢凌軌等，內勤己以自濟，外謙讓以敬懼」；小人矜功伐能，驕盈好勝，以「在前爲速銳，以處後爲留滯，以下衆爲卑屈，以躡等爲異傑，以讓敵爲迴辱，以陵上爲高厲」（釋爭篇），君子小人之判，由茲而立。人物之品，由茲以第。釋爭篇：

是以越俗乘高，獨行於三等之上。何謂三等？大無功而自矜，一等；有功而伐之，二等；功大而不伐，三等。愚而好勝，一等；賢而尙人，二等；賢而能讓，三等。緩己急人，一等；急己急人，二等；急己寬人，三等。凡此數者，皆道之奇，物之變也。三變而後得之，故人莫能遠也。夫唯知道通變者，然後能處之。

君子推讓、自修、玄默、恭順，是以戰勝而爭不形，敵服而怨不搆；至其卓超者，能避忿肆之險途，獨逍遙於虛漠玄曠之境，然後「德輝耀於來今，淸光侔於往代」（劉昞注）。以簡表示之：

超等：逍遙玄曠

上等：功大不伐，賢而能讓，急己寬人。

中等：有功而伐，賢而尙人，急己急人。

下等：無功自矜，愚而好勝，緩己急人。

不伐則名章，不爭則理得，退讓則敵服，謙尊則德光。由遜讓之德可推其材識氣度；而人格之高下定矣。可注意者，即此必純德之所合，爲直發於中，自與理會者，絕非詭情求名者可比。

由上可窺劉卲於人材之分際，從質之至達觀，而有三度、末流之別；依體越則有拘抗二型之分；循其志業，乃有君道、臣道之序；就論理之材言，可有通理與一理之殊；考材能則有智勝、材勝之異；任天姿則有英才與雄才之目；求心志之大小，故有聖賢、豪傑、傲蕩、拘輭之級；憑謙德則有上、中、下三等。外觀內審，深推廣考，使隱節者可知，僞飾無情者可辨；質誠居善者可得，忠惠守義者可見，由知人而序官品，以成其完密之人事行政學說。由上志序人物，得見人物志，誠辨官論材之佳構也。

第三節　觀人之法

劉卲觀人之法，重在徵神，由徵神以見人格之全貌。人物志九徵篇云：「物生有形，形有神精，能知精神，則窮理盡性。性之所盡，九質之徵也。」所謂九徵，即神、精、筋、骨、氣、色、儀、容、言也。由九徵以推平陂、明暗、勇怯、強弱、躁靜、慘懌、衰正、態度、緩急之質，此質實爲才質，爲蘊光彩而有偏缺之天資也。其機妙賾，欲識其神，固須先有其資，始能鑑識；必有其機，始可契悟，此爲觀察人物之基本原理。由茲而有各種觀察法與考驗法，其或出乎一己之經驗、特識；或博采前人鑒識之事，以歸納爲法則，皆周密可行。茲就人物志各篇中有關知人之法者，提出而與先賢遺訓比較之，以窺我國官人之學之精微，並見劉卲歸納前人識鑑之迹。

夫以人之難知，「江海不足以喻其深，山谷不足以配其險，浮雲不足以比其變」（宋蘇東坡語），誠如是，則既無以眞知其人，焉有道可循乎？然古之號知人者，先言後驗，皆如所鑒，其效若影響，其信如著龜者，固由一己之智明與歷練，實亦吸取前賢鑑事之精華也。其有片言隻語見於經史百家者無論矣，若逸周書官人解，綜論觀誠、考言、視聲、觀色、觀隱、揆德之徵；大戴記文王官人，亦歷述六徵、九用、官能、七屬之事；呂氏春秋季春紀論人，復有八觀、六驗、六戚、四隱之論。逮及兩漢，韓詩外傳、淮南子、論衡、潛夫論等之屬，於觀人論才，亦多精詣。歸納其法，或由視瞻、或由言文、或由材能、或由心術、或由作止、或由交援，互相連鎖，未可隔絕孤立。皆爲才智之士，參會有得，統計比較而歸納之原則，苟運用得當，實可裨補考試不足測知品格之闕。劉邵以後出故，綜合先哲之吉光片羽，而集其大成，始撰爲人物志十二篇，於是官人之學，乃有專籍矣。茲歸納其法於下：

壹、徵質法

人含「元一以爲質，稟陰陽以立性」（九徵篇），因所稟之氣有多寡、厚薄、清濁之分，故材質有善惡、智愚、賢不肖之別，徵其所稟陰陽氣素之多寡，則雖體變萬殊，皆有所依也。人物志七繆篇云：

夫采訪之要，不在多少，然「徵質」不明者，信耳而不敢信目。徵質之法，實爲觀人之本，苟不明質，則聽有偏頗，繆誤乃生。故七繆篇又云：「夫愛善疾惡，人情所常，苟不明質，或疎善、善非。」此惑於愛惡者，實昧於質也。又九徵篇云：

若量其材質，稽諸五物，五物之徵，亦各著於厥體矣。其在體也。木骨、金筋、火氣、土肌、水血，五物之象也。五物之實，各有所濟，是故骨植而柔者，謂之弘毅，弘毅也者，仁之質也。氣清而朗者，謂之文理，文理也者，禮之本也。體端而實者，謂之貞固，貞固也者，信之基也。筋勁而精者，謂之勇敢，勇敢也者，義之決也。色平而暢，謂之通微，通微也者，智之原也。五質恒性，謂之五常矣。

又云：

心質亮直，其儀勁固；心質休決，其儀進猛；心質平理，其儀安閑。

質爲儀貌、神精、筋骨、氣色、言聲之本，此九質之徵所論也。蓋性情之變，質亦同之，故「平陂之質在於神，明暗之實在於精，勇怯之勢在於筋，强弱之植在於骨，躁靜之決在於氣，慘懌之情在於色，衰正之形在於儀，態度之動在於容，緩急之狀在於言」（九徵篇），九徵皆至，則爲純粹之德，九徵有違，則爲偏雜。偏材以勝體爲質，苟勝質不精，則其事不遂。是含有何質，即有何名。觀其名，可推所至之多少。七繆篇云：

凡偏材之性，二至以上，則至質相發，而令名生矣。是故骨直氣淸，則休名生焉；氣淸力勁，則烈名生焉。勁智精理，則能名生焉；智直强慤，則任名生焉。集于端直，則令德濟焉。加之學，則文理灼焉。

尋其質氣，覽其淸濁，則所達可知也。辨其至質，察其所依，則若明鏡當前，使呈面者無容憎喜矣。故徵質實爲暢本之論，苟不暢其本，胡可必信？人物志八觀篇多申察質之法，使人物徹內徹外，通上通下，一無滯礙，而人物志之意締亦結穴於此矣。

貳、衡鑑法

此就人之神色儀容與言語動作，鑑空衡平，瞻形得神，憑一見之識，予以題目也。以其本乎神精以驗內器，其機甚微，故貴乎契悟欣賞。

一、由形神儀態

㈠ 從神色中鑑識

夫人之情緒與心術，常流露於神色而不自覺。蓋「誠於中者，必形於外」，是色貌失實，中必有違，徵神見貌，則常度可審，此九徵篇所云：「能知精神，則窮理盡性」也。良由志爲氣之帥，心志有動，氣必從之，從則神知，神知則色見。故人物志八觀篇云：

> 凡事不度，必有其故，憂患之色，乏而且荒；疾疢之色，亂而垢雜；喜色愉然以懌，慍色厲然以揚；妬惑之色，冒昧無常。……凡此之類，徵見於外，不可奄違。雖欲違之，精色不從，感愕以明，雖變可知，是故觀其感變，而常度之情可知。

色貌徵見於外，不可奄違。或著乎形容，或見乎聲色，或發乎情味，各如其象，故心動貌從，神動形色，情雖在內，感愕發外，則雖萬貌千形，其情固可以色釣也，睹色窺情，觀變審常，其人粗可知矣。九徵篇云：

> 夫儀動成容，各有態度，直容之動，矯矯行行；休容之動，業業蹌蹌；德容之動，顒顒卬卬。……故誠仁，必有溫柔之色；誠勇，必有矜奮之色；誠智，必有明達之色。

夫神爲質之主，色爲情之侯，容爲動之符；故尋其精色，視其儀象，乃人物識別上應有之基礎。大戴記文王官人中亦有「觀色」一目，其言曰：

民有五性：喜、怒、欲、懼、憂也。喜氣內畜，雖欲隱之，陽喜必見；怒氣內畜，雖欲隱之，陽怒必見；欲氣內畜，雖欲隱之，陽欲必見；懼氣內畜，雖欲隱之，陽懼必見；憂悲之氣內畜，雖欲隱之，陽憂必見。五氣誠於中，發形於外，民情不隱也。喜色由然以出，怒色拂然以侮，欲色嘔然以偷，懼色薄然以下，憂悲之色纍然而靜。誠智必有難盡之色，誠仁必有可尊之色；誠勇必有難懾之色，誠忠必有可親之色；誠潔必有難污之色，誠靜必有可信之色。質色皓然固以安，僞色縵然亂以煩，雖欲改之，中色不聽也。雖變可知，此以謂觀色。

或靜觀神態以知其姿質，或察其感變以審常度，其人可粗知矣。是諸葛亮觀「色動而神懼，神低而忤數」，知爲刺客也（三國志）。然其事精微，正確與否，全憑其識耳。

(二) 由眸子鑒識

昔蔣子作論謂觀其眸子，可以知人，並申明言不盡意之旨。蓋眸子傳神，其理微妙，可以意得，不可以言宣也。曾子云：「目者心之浮也。」眸子乃吾人心神之所貫注，善惡由茲而分，强弱因此而判。故孟子離婁篇上云：「存乎人者，莫良於眸子。眸子不能掩其惡。胸中正，則眸子瞭焉；胸中不正，則眸子眊焉。聽其言，觀其眸子，人焉廋哉？」人物志九徵篇亦云：

五質內充，五精外章，是以目彩五暉之光也。

五質澹凝，淳耀外麗，心清氣朗，則粲然自耀矣。九徵篇又云：

夫色見於貌，所謂徵神；徵神見貌，則情發於目；故仁目之精，愨然以端；勇膽之精，曄然以強。目為心候，故應心而發；心不傾倚，則視不回邪；志不怯懦，則視不衰悴。人之質純，則見精於目，由目論精，以知人之全體。反之，質不精純，間雜依似，則目無守精，祇見其灰淡無神，眸子既為顯示神精之樞紐，人之巧拙、情偽、材力由之可覘一二。而神鑒之難，亦由於此也。

二、由語態

(一) 由聲音以識鑒

夫氣藏乎內，容見於外；心氣之徵，首為聲變。故有清而亮之律，和而平之呂，心氣不同，故聲發亦異矣。人物志九徵篇云：

> 夫容之動作，發乎心氣；心氣之徵，則聲變是也。夫氣合成聲，聲應律呂，有和平之聲，有清暢之聲，有回衍之聲。夫聲暢於氣，則實存貌色。

容之和平，乃發和平之聲；容之清暢，發以清暢之聲；容之回衍，發為回衍之聲。顯之聲，見之容，聲容相應。非氣無以成聲，而聲成則貌應，聲既殊管，故色亦異狀。音聲之妙既動於心，故其聲溫潤者，其人亦必慈惠端謹；其聲尖銳，性必焦躁。逸周書官人解言：

> 誠在其中，必見諸外，以其聲，處其實。氣初生物、物生有聲，聲有剛柔、清濁、好惡，咸發于聲。心氣華誕者，其聲流散；心氣順信者，其聲順節；心氣鄙劣者，其聲嘶醜。心氣寬柔者，其聲溫和。信氣中易，義氣時舒，和氣簡備，勇氣壯力。聽其聲，處其氣，考其所為，觀其所由，以其前觀其後，以其隱觀其顯，以其小占其大，此之謂視聲。

氣合成聲，察舒急於聲氣，則其性之剛柔、質之清濁，可得而窺也。

(二) 由言論以識鑒：

揚雄法言曰：「言，心聲也。書，心畫也。聲畫形，君子小人見矣。」言語乃人類最直接用以傳達心聲之工具，故於語默之際，可窺測其人之氣宇、學識。孔子曰：「君子一言以爲智，一言以爲不智，言不可不愼也。」又云：「不知言，無以知人。」然巧言足以亂德，利口足以覆邦家，故以言取人，不可不愼。易繫辭下傳云：「將叛者其辭慚，中心疑者辭枝，吉人之辭寡，躁人之辭多，誣善之人其辭游，失其守者其辭屈。」孟子公孫丑上亦云：「詖詞知其所蔽，淫詞知其所陷，邪詞知其所離，遁詞知其所窮」蓋言不由中，若無情之訟，辭窮而情易見，此非所難也。其難者在託善寄才、巧言飾辭。故聽其言必考其行，取人「毋取佞，毋取口銳。」大戴記曾子立言篇云：「聽其言也，可以知其所好矣。觀說之流，可以知其術矣。久而復之，可以知其信矣。」文王官人篇亦有「考言」之目，由言以考志徵質，皆有懲於言不顧行，言過其實而立者也。逕由言語以偵其行之例，史書多載之，若柯陵之會，晉郤琦語犯，却犨語迂，却至語伐，單襄公知其必及禍，蓋犯則陵人，迂則誣人，伐則伐人也。人物志八觀篇云：

夫人厚貌深情，將欲求之，必觀其辭旨，察其應贊；夫觀其辭旨，猶聽音之善醜；察其應贊，猶視智之能否也。故觀辭察應，足以互相別識。然則，論顯揚正，白也。不善言應，玄也。經緯玄白，通也。移易無正，雜也。先識未然，聖也。追思玄事，叡也。見事過人，明也。以明爲晦，智也。微忽必識，妙也。美妙不昧，疏也。測之益深，實也。假合炫耀，虛也。自見其美，不足也。不伐其能，有餘也。

由發言應對，可觀其是非、虛實、智愚、通塞；明白之士，辭顯唱正；玄微之人，默而識之；通理之士，明辨是非；間雜之流，言意渾淆。聖人先識未然，聰叡能理精微；智明者見事過人，美妙者能察至微；疏朗者心致昭然，充實之士愈探愈精；虛妄者道聽途說，自伐者智不贍足；有餘者，話多謙遜。材理篇更由談辯能力以甄材品（如達識、推徹之材等八材）、辨依似：

有漫談陳說，似有流行者；有理少多端，似若博意者；有迴說合意，似若讚解者；有處後持長，從衆所安，似能聽斷者；有避難不應，似若有餘，而實不知者；有慕通口解，似悅而不懌者；有因勝情失，窮而稱妙，跌則掎蹠，實求兩解，似理不可屈者。

其立「七似」之目，以破惑人之說，使後人於聽言之時，明辨虛實，此眞能「抖擻於錙銖，吹純疵於毛髮」也；持以照言，並用以自照，而知所鑑戒也。劉邵於自伐其能，言常稱己者，屢加貶詞，其於察言之時，正以此爲識別兼、偏材之關鍵。接識篇云：

何以知其兼偏，而與之言乎？其爲人也，務以流數杼人之所長，而爲之名目，如是兼也。如陳以美，欲人稱之，不欲知人之所有，如是者偏也。

由語默之際識兼偏，可知其甚重言語以觀人也。

叁、觀審法

觀其情機，以辨恕惑；觀其行爲，審其所守；伺其取予，察其所安；審其進退之節，較其窮達之操；多方觀察，未可局限於一隅。論語爲政篇云：「視其所以，觀其所由，察其所安，人焉廋哉！」此所以者，即所用之手段也；所由，指其動機也；所安者，事成後之心理也。考查人之行爲，溯其動機，觀其手段，更推其是否心安理得，則其人格可知矣。

一、由情機以觀審

劉卲究人物，由內在以顯透，故能窮極情性之理，而立其本，至其論人之情機，道盡人類之病根，實絕妙醫案也！夫人之心理冲漠無朕，方寸之間，有人所不能知者。故知人須先知其性，則可得持平之論矣。人物志八觀篇，追溯心性之本，以明「相由心生」，其所作之心理分析，可謂精義入神，析情無遁矣。其目曰：

觀其奪救，以明間雜；觀其感變，以審常度；觀其志質，以知其名；觀其所由，以辨依似；觀其愛敬，以知通塞；觀其情機，以辨恕惑；觀其所短，以知所長；觀其聰明，以知所達。

夫善惡之際，一念之間耳；故「善情救惡，不至爲害；愛惠分篤，雖傲狎不離；助善著明，雖疾惡無害；救濟過厚，雖取人不貪也」（八觀篇）。是初心存念善，則行爲善，否則爲非矣。觀審人物，當理其本，發其初心，始近於無誤耳。

又人類之有喜、怒、惡、悅、婟、妬之情，其歸皆欲處上也。夫人情莫不欲遂其志，莫不欲處前，莫不欲求勝，莫不欲掩短見長，莫不陵上，苟得其所欲則恕，違其所欲則惑，審其情機，則賢鄙之志可得而知矣。今人格心理學，有測量人之情機者，皆欲顯透本我個性，以見眞人格也。

洵以環境影響人之性格，環境改變，志趣亦異，故有達約易操，中壓易守者，觀人不可不慮其變。

效難篇云：「或志趣變易，隨物而化，或未至而懸欲，或已至而易顧，或窮約而力行，或得志而從欲，此又居止之所失也。」唯有從個體與其周遭發生交涉，表現爲種種動態時，作綜合之判斷，深入之分析，始能說明人格之眞相焉。

二、由行止以觀審

由外在居止、節操以觀人，必推至細微，嚴密偵察，此法於靜態中行之。大戴記文王官人云：

富貴觀其禮施，貧賤觀其德守；嬖寵觀其不驕，隱約觀其不懾。其少，觀其恭敬，其壯，觀其廉潔。其老，觀其意慮。父子之間，觀其孝慈；兄弟之間，觀其和友；君臣之間，觀其忠惠；鄉黨之間，觀其信憚；省其居處，觀其義方；省其喪哀，觀其貞良。

晏子內篇問上亦云：

通，則視其所擧；窮，則視其所不爲。富，則視其所不取。上士難進而易退也，其次易進易退也，其下易進難退也。

文子上義篇：

故論人之道，貴則觀其所擧，富卽觀其所施；窮則觀其所受，賤則觀其所爲。

呂氏春秋論人篇云：

凡論人，通則觀其所禮，貴則觀其所進。富則觀其所養，聽則觀其所行。止則觀其所好，習則觀其所言。窮則觀其所不受，賤則觀其所不爲。

韓詩外傳亦云：

李克曰：夫觀士也，居則視其所親，富則視其所與，達則視其所舉，窮則視其所不爲，貧則視其所不取。

劉邵人物志效難篇亦云：

居視其所安，達視其所舉，富視其所與，窮視其所爲，貧視其所取，然後乃能知賢否。

各家說法幾同，其特點爲長時間之觀審，以求其常度，此固可爲知人之一助耳！

三、由交接以觀審

由交友接物，亦可成爲觀審人物之材料。荀子云：「不知其子視其友，不知其君視其左右」（性惡篇），正說明此也。故曾子立事篇云：「觀其所親愛，可以知其人矣。」人物志謂偏材之人，能識同體之善，不識異量之美。故清節之人，能識性行之常；法制之人，能識較方直之量；術謀之人，能識策略之奇……率取同體之人。推己接物，於同體之人則情通意親；對異體之人，則有疑慮之情。以是「交游之間，必每在肩稱」（七繆篇），正直所交多正直，愚劣所識亦多愚劣；一流之人，能識一流之善；二流之人，能識二流之美。故由其交遊接物，可推知其人矣。大戴記文王官人云：

省其出入，觀其交友，省其交友，觀其任廉。

參訊廣訪其周圍交遊進趨之類，則所知愈客觀，愈眞確。並由交接，可覘其處世態度。故平居視其所親，觀其交遊，審其好惡，其長可知，賢不肖可察矣。

肆、考驗法

善觀人者，不僅觀人於舉止動靜之中，更觀人於形神氣色之外。不徒觀人於屬意矜情之際，而當觀人於忽不及持之時。故考之於得失榮辱之際，試之於生存禍福之間，驗之於急忙慌亂之時，則情僞可明，忠姦可辨，而才之大小可別。蓋路不險則無以知馬之良，任不重則無以知人之德。有德守者，造次必於是，顚沛必於是，所謂「亂世見忠貞也」。考試之法，或佈置情境，以窮辭間諜，誘財試色，煩使切激……或口試晤談等，以測其虛實。前者雜有權謀，不爲劉劭所取，而後者較爲平正客觀，故劉氏多取資焉。此法與觀審法之異點在後者爲被動、客觀之觀審，而此法則爲積極主動之考試，觀審法以審常，考驗法以觀變，此其大較也。

一、佈置情境

六韜選將篇云：

知人有八徵：一曰，間之以言，以觀其辭。二曰，窮之以辭，以觀其變。三曰，與之間諜，以觀其誠。四曰，明白顯問，以觀其德。五曰，使之以財，以觀其廉。六曰，試之以色，以觀其貞。七曰，告之以難，以觀其勇。八曰，醉之以酒，以觀其態。八徵皆備，則賢不肖別矣。

又六韜文韜六守亦云：

富之而觀其無犯，貴之而觀其無驕。付之而觀其無轉，使之而觀其無慮。危之而觀其無恐，事之而觀其無窮。富之而不犯者仁也，貴之而不驕者義也。付之而不轉者忠也，使之而不慮者信也。危之而不恐者勇也，事之而不窮者謀也。

大戴記文王官人云：

考之，以觀其信。絜之，以觀其知。示之難，以觀其勇。煩之，以觀其治，淹之以利，以觀其不貪。監之以嚴，以觀其不寧；喜之以物，以觀其不輕。怒之，以觀其重。醉之，以觀其不失。縱之，以觀其常。遠使之，以觀其不貳。邇之，以觀其不倦。探取其志，以觀其情。考其陰陽，以觀其誠。覆其微言，以觀其信。曲省其行，以觀其備成，此之謂觀誠也。

呂氏春秋論人篇云：

喜之，以驗其守。樂之，以驗其僻。怒之，以驗其節。懼之，以驗其特。哀之，以驗其情。苦之，以驗其志，此爲六驗。

莊子列禦寇篇：

遠使之而觀其忠，近使之而觀其敬，煩使之而觀其能，卒然問焉而觀其智，急與之期而觀其信，委之以財而觀其仁，告之以危而觀其節，醉之以酒而觀其性，雜之以處而觀其色。

韓非子八經—參伍之道：

參言以知其識，易視以考其操，執見以得其非常，舉往以悉其前，握明以問其所闇，詭使以絕黷泄，例言以嘗所疑，反論以得陰奸，舉錯以觀姦動，卑邇以觀直諂，似類則含直考。

文子上義篇：

觀其所患難，以知其所勇；動以喜樂，以觀其守；委以貨財，以觀其仁；振以恐懼，以觀其節，如此則人情可得矣。

諸葛武侯心書亦云：

知人之道有七焉：問之以是非而觀其志，窮之以詞辯而觀其變，咨之以計謀而觀其識，告之以禍難而觀其勇，醉之以酒而觀其性，臨之以利而觀其廉，期之以事而觀其信。

綜上考驗之法，多憑外在經驗以設說，固較單憑個人直覺之臆測，更爲可靠與有效。其窮辭設問以觀智，誘財試色以觀貞，示難告危以觀節，詳考密覈以觀信，或煩使切激以觀度；或醉以酒，以試定力；若操守未練，恐經不起考驗。至若參觀衆端，疑詔詭使，挾知而問，倒言反事，則非正道，頗有權謀意味，實不足取法。今人格心理學上有動境測驗法，布以情境，以察考其反映，然此法須長期且深入方可，否則，或差之毫釐，繆以千里矣！若巨慝大奸之前後判若兩人，恐未足以斷之。故劉卲效難篇總評向來之觀人法曰：「或相其形容，或候其動作，或揆其儗象，或推其細微，或恐其過誤，或循其所言，或稽其行事，八者遊雜，故其得者少，所失則多。」蓋各守其一方，焉有不失耶？

二、口試晤談

此爲正面之察考法，爲劉卲所採用。人物志接識篇云：

夫國體之人，兼有三材，故談不三日，不足以盡之。一以論道德，二以論法制，三以論策術，然後乃能竭所長，而舉之不疑。

依言知人，故須詳考道德、才智，必求眞才而後任使之。昔堯之於舜，岳牧咸薦，識其仁者，猶歷試諸難，不以驟進，必屢試不爽，知其貞固而後重之。

考驗法大略可分爲自然與人爲兩種，前者利用人境變遷之際，應機考驗人之志節，智慧與德行。後者則授與特定任務，得於行使任務中，考驗人之才識、毅力也。是衡鑒法爲主觀直覺之提空賞鑑；觀審法爲客觀消極之觀測；考驗法則爲積極以試之，此其大較也。然此三法，皆遺精得粗，未若劉卲「徵質法」之暢本也。抱朴子淸鑒篇云：「必能簡精純於符表，詳舒急乎聲氣，料明闇於擧厝，察淸濁於財色，觀取與於宜適，謂虛實於言行，考課業於閨闥，校始終於信效，善否之驗，不其易乎。」葛洪之說實可概括所有鑑識之事，其功固足以「見俊才於無名之中，識逸足於吳坂之間。」然此皆各以意之所可爲準，故遊雜無紀也。亦唯從全人格作整幅之了解，重其內涵，控其質性，始得其機杼。惟得其機杼，則凡材有大小，業有得失，志有異歸，理有異趣，譬有偏頗，情有愛惡，成有早晚，勢有申壓，知有優劣等，皆可解釋爲資稟之殊異故也。至其言行不符，色貌失實，似是而非，無恒依似，掩短伐長，求勝處前，怨惡媢妬，愛敬不協，闇昧蔽塞，訐宕乖戾者，乃可歸之於性不精純故也。綱擧而目張，群紛由之得理矣。

（附）人物志與相者之說殊科

漢末魏晉善於鑒識人物者，其理與相人之術實同，亦重神貌儀態。然談相者，以類比法論人之吉凶休咎；而才性論者，重在品格智能之辨識。其意在簡識人才，以佐朝廷取士之用，故爲士大夫所尚。至務言壽夭窮通者，但能流行於民間耳！同源而異流，不可相混。按史記卷八高祖本紀云：

呂公者，好『相人』，見高祖狀貌，因重敬之，引入坐，酒闌，呂公因自固留高祖。高祖竟酒，後呂公曰：『臣少好相人，相人多矣，無如季相，願季自愛。臣有息女，願爲季箕帚妾。』酒罷，呂媼怒呂公曰：『公始常欲奇此女，與貴人。沛令善公，求之，不與，何自妄許與劉季！』呂公曰：『此非兒女子所知也』，卒與劉季。呂公女，乃呂后也。

又卷七十六，平原君列傳：

平原君已定從而歸，歸至於趙。曰：「勝不敢復『相士』。勝相士，多者千人，寡者數百，自以爲不失天下之士，今乃於毛先生而失之也。毛先生一至楚，而使趙重於九鼎大呂。毛先生以三寸之舌，強於百萬之師。勝不敢復相士。」遂以爲上客。

古人用「相人」與「相士」二詞，可有意義之差別否，不得而知（註七）。而二者皆本之外在表侯，其所異者爲：前者欲以決定吉凶、窮通、壽夭；後者則欲窺其品性、才情。由形相推斷品性才情者，今可稱之爲「相學」，由形相推斷禍福與命運者，可稱之爲「相術」。相學與相術，在中國起源甚早，左傳文公元年，內使叔服爲公孫敖相二子，又楚子將以商臣爲太子，訪諸令尹子上，子上答以「是人蠭目而豺聲，忍人也。」又史記載范蠡相越王句踐，言其人「長頸鳥喙，可共患難，不可與共安樂」，皆由聲容測其品性。至魏晉談才性名理，有知人之鑒者，亦好談相術，喜作預言，故曹植、王朗有相論之作。世說新語政事篇注引郭泰別傳云：

泰字林宗，有人倫鑒識，題品海內之士，或在幼童，或在里肆，後皆成英彥。自著書一卷，論取士之本，未行，遭亂亡失。

林宗之人倫鑒識，重點乃在才性，與卜相之書專言命之貴賤者迥不相侔。後漢書卷九十八郭泰傳云：

其獎拔士人，皆如所鑒……後之好事或附益增張，故多華辭不經，又類卜相之書。

余英時先生云：「人倫鑒識之成爲一種專門學問，乃自林宗始，而林宗之所以成爲斯學之開山者，其關鍵殆即在彼能汰除舊觀人術之卜相成份，亦即不重命之貴賤，而逕從才性之高下、善惡以立說。然亦正唯其學新創之故，好事之徒不知林宗之人倫鑒識別於舊術者何在，遂得以卜相之故事妄肆附會」（註八）。旨哉斯言！蓋林宗之品題實未嘗離開才性之範圍，故不重命之貴賤。人物評論與命相之術於郭林宗之時，已截然分途矣，而劉邵人物志本承漢人識鑒之事，以成其超脫之論。此即言人物評論之成爲專門之學，肇基於郭林宗，而成系統之專著，則推劉邵人物志。良由才性之分析，自林宗以下，愈析愈精微，個人之一切特徵亦愈益顯露，爰就才性之所近，亦自有類型可辨。故才性之分析既因同以見異，復自異以求同，以是具體之人物批評遂亦不得不發展爲抽象之討論矣。此種抽象原理之探求，蓋出於人物識鑒之學本身之要求也。人物志既爲分析材性之作，其與務言休咎窮通之相者之言殊科，不亦明乎？

然若推其始，則本爲同源，特其階段不同，所重亦異耳。所謂同源者，即皆由形貌入手也。由外在形相以推斷內在性情，此爲第一階段。若因其情性，以料其行事之趨向，則爲第二階段矣。及更進一層，根據實際之社會經驗，按其行事趨向，辨其是非善惡，而斷其遭遇之窮通禍福，此爲第三階段。最終則由遭遇之吉凶禍福而計其未來之命運，此爲第四階段。由形相而性情，而行爲，而禍福，而命運，本爲一線相承之連鎖推斷，此必長期觀察，澈底認識乃能。如許劭評曹操爲「清平之姦賊，亂世之英雄」（許劭傳），必早已深識曹操之爲人矣。而相術者流，徒以一面之交，定終生之命運（註九）。此王充論衡骨相篇所云：「人命稟於天，則有表候於體，察表候以知命，猶察斗斛以知容矣。」王符潛夫論亦云

：「夫骨法爲祿相表，氣色爲吉凶侯。」則命之與相，猶聲之於響，聲動乎幾，響窮乎應，富貴壽夭，各值其數。然而，由於人事之紛紜，豈相者所能豫獨哉？則其始有誤，不免盡誤矣。而劉卲人物志是人物評論學長期發展，與夫從事人物分析歸納出之理則，豈玄思冥想所能至者耶？其精密之程度，自不可同日而語矣。本文旨在明辨才性說與相者言之別，故不得不涉及其源流、階段之問題，苟能尋流照原，則不致於混淆矣。

【附　註】

註一：程兆熊先生「人物志講義」。

註二：論衡定賢篇。

註三：晏子內篇問上。

註四：後漢書李膺傳：「士有被其容接者，名爲登龍門」。

註五：漢武帝輦過郎署，見顏駟龐眉皓髮，問何其老也。對曰：文帝好文而臣好武，景帝好美而臣貌醜，陛下好少而臣已老，是以三世不遇，老於郎署。

註六：史記孔子世家。

註七：「相士」與「相人」之比較，首由馮師承基拈出。

註八：余英時先生「漢晉之際士之新自覺與新思潮」。

註九：文選袁宏三國名臣序贊注引崔寔指摘之言：「且觀世人之相論也，徒以一面之交，定臧否之決」。

第五章　談辯原始與劉邵人物志之談辯原理、方術

第一節　談辯原始

夫眞理愈辯愈明。蓋人之所見不免有所蔽，卽若聖賢，亦有千慮一失之時，則或見到此方面，而忽視彼方面，其所見之道理，遂偏而不全。苟能各據所偏，互相切磋，則偏與偏相補，庶幾可得其全矣。此莊子所謂：「辯也者，有不見」之意也。是理之所在，君子必辯，以其純爲求理，而不雜感情之私，一切取決於公開談論，故爲最理想之求理手段，此乃劉邵主張論難之因也。材理篇云：

夫建事立業，莫不須理而定，及其論難，鮮能定之，夫何故哉？蓋理多品，而人材異也。夫理多品則難通，人材異則情詭，情詭難通，則理失而事違。

理失由於「人材異而情詭」，事違則由於「理多品而難通」，理失事違，則理源無所歸矣。苟人人各執已見以競說，不加難質，則是非莫判，曲直莫分，其何以從之哉？故材理篇又云：「若說而不難，各陳所見，則莫知所由矣。」孟子曰：「予豈好辯哉！予不得已也！」辯言正辭，琢磨見理，實足以激發學術之蓬勃發展。

矧依言以知人，世所共信，蓋由談論中，足以顯示其人之才能學識。古人詢事考言，故有「不知言，無以知人」之語。昔太公初遇文王，說以「釣有三權」，文王聞之，知非臣用之才，故立爲師；孔明以隆中對策。道以天下大勢，劉備因託重任。是參言以知其識，窮詞以觀其才，論辯固可爲觀人之一隅也！人物志八觀篇云：

夫人厚貌深情，將欲求之，必觀其辭旨，察其應贊。夫觀其辭旨，猶聽音之善醜；察其應贊，猶視智之能否也。故觀辭察應，足以互相別識。

此特強調辭旨應贊之重要，言可爲別識人物之標準。然以言顯尤易，故多論辯以立異，動聽以取寵者，識鑒人倫，須視發言之旨趣，觀應和之當否。必前後相應、名實相符而後可。接識篇云：

將究其詳，則三日而後足，何謂三日而後足？夫國體之人，兼有三材，故談不三日，不足以盡之。一以論道德，二以論法制，三以論策術，然後乃能竭其所長，而舉之不疑。

世故多口辯辭長，似是而非者，迨衡之於「理」，未有不伏。必如是，辯意乃明，辯理乃立。

夫談辯之風，溯其淵源，實肇自經學之煩蕪。蓋東京初期，論難已漸成說經之基本手段。後漢書卷三十六范升傳云：

光武建武三年（西元二七年），尚書令韓歆上疏，欲爲費氏易左氏春秋立博士，詔下其議。四年正月，朝公卿、大夫、博士，見於雲台，帝令范升平說，升遂與韓歆及大中大夫許叔等互相辯難，日中乃罷。

其後鄭元復上疏論范升之繆，帝下其議，於是范升復與元相辯難，凡十餘上（見鄭元傳）。其往返辯難，竟至十餘。又卷一百九儒林戴憑傳云：

正旦朝賀，百僚畢會，帝令群臣能說經者更相難詰，義有不通，輒奪其席以益通者，憑遂重五十餘席。

光武本出太學，卽位後提倡儒術，博訪通人，採辯難方式以討論經學。又卷三十七丁鴻傳：

章帝建初四年十一月，帝下詔會諸大夫、博士、郎官及諸儒會齊北宮白虎觀，議定五經同異。名儒丁鴻、樓望、成封、桓郁、賈逵及廣平王羨皆與焉。使王官中郎將魏應承制問難，帝親稱制臨決，作白虎議奏，丁鴻論難最明，諸儒稱之，帝亦數嗟美焉。

又李育傳言育以「公羊義難賈逵，往返皆有理證」，賈逵傳稱逵有「論難百餘萬言」，皆各立宗義，出以理證，實具後日論難之規模。又楊子行與祁聖元俱以說經馳名，京師號曰：「說經硜硜楊子行，論難皤皤祁聖元」，此皆以論難討論經義者。他若馬融之教養生徒千數，考論圖緯，玄因從質諸疑義（鄭玄傳）。是議論經義，足以導養談辯之風。及章句日疏，不修家法，論議紛錯，妄生穿鑿，以「意說爲得理」，競以浮華相尙。且因其多博通群書，助其懷疑批評之精神，迨國事日非，乃轉向批評時政。黨錮列傳序云：

逮桓靈之間，主荒政謬，國命委於閹寺，士子羞與爲伍，故匹夫抗憤、處士橫議，遂乃激揚名聲，互相題拂，品覈公卿，裁量執政，婞直之風於斯行矣。

貶議時政之風流入太學，郭泰、賈彪爲諸生領袖，與其時賢士大夫李膺、陳蕃、王暢等更相褒重，主持清議，其勢之大，足使「公卿以下，莫不畏其貶議而屣履到門」，宦官益不自安，群起反攻，此黨錮之獄所以起也。數度大獄，一時名士，多坐流廢，淸議不得不變爲辭淸語妙之談論矣！史謂郭林宗「善談論、美音制」，又謂「謝甄與陳留邊讓並善談論，俱有盛名，每共候林宗，未嘗不連日達夜」（註一）。其時又有符融者：「游太學，師事少府李膺，膺夙性高簡，每見融，輒絕它賓客，聽其言論。融幅巾奮袖，談辭如雲，膺每捧手歎息」，此皆描述其談辯無礙，如雲之奔踊而出也（註二），且談士彼此之間，「依以揚聲」，以立虛譽。然類此博辯而不入道（註三），實未足貴也。徐幹中論覈辯篇云：

> 俗之所謂辯者，利口者也。彼利口者，苟美其聲氣，繁其辭令，如激風之至，如暴雨之集，不論是非之性，不識曲直之理，期於不窮，務於必勝。

對當時「利口繁辭」之談辯，予以激烈之批評。而賦予「辯」一確當之概念。其言曰：

> 夫辯者，求服人心也，非屈人口也。故辯之爲言，爲其善分別事類而明處之也。非謂言辭切給陵蓋人也。傳稱：春秋微而顯，婉而辯者，然則辯之言，必約以至，不煩而論，疾徐應節，不犯禮教，足以相稱，樂盡人之辭，善盡人之意，使論者各得其願，而與之得解。

徐幹以爲君子之辯也，欲以「明大道之中也，是豈取一坐之勝哉？」故對於「析言破律，亂名改作，行僻而堅，言僞而辯，記醜而博，順非而澤」足以疑衆惑民，潰亂至道者，皆應繩之於法。此說固足爲誅魏諷，黜諸葛誕之張本矣。按建安二十四年，曹操誅魏諷，以其「有惑衆才，傾動鄴都」（註四），「華而不實，專以鳩合爲務」（註五），或即以善談故也。而鄧颺、諸葛誕之被斥免，亦因其「合黨連群，互相褒歎」也。是議辯之風曾不少衰，曹氏父子鑒於黨禍，乃專務破壞朋黨交游，深惡浮華之談士（註六）。而劉劭作都官考課法，即針對士人之「毀稱是非，混雜難辨」也。

夫辯本在求理，然爲求勝，則漸趨於技巧之鍛鍊，其所講求者，在堅立已理，防人來攻，更侍隙以乘人，推翻他人之理牆。及至一方無法繼續，乃結束此談論。其所得之理，稱爲「勝理」。而由於技巧之受重視，超過內容，此勝理不過「最勝義」耳，其非理源所歸之理，本甚顯明。劉邵睹斯時清談之士，但以談爲目的，競操「兩可之說」，設無窮之詞，而不辨理之所在，故力申「辯以定理」。材理篇云：

夫辯，有理勝，有辭勝。理勝者，正白黑以廣論，釋微妙而通之。辭勝者，破正理以求異，求異則正失矣。

又謂：

善言出己，理足則止……期於得道而已矣。

是由材理篇，亦足反映談辯之風行，及談辯轉變爲談玄之迹矣。文心雕龍論說篇云：「原夫論之爲體，所以辨正然否。是以論如析薪，貴能破理。」其意以爲論體在「彌綸群言，而研精一理」，故必「心與理合，彌縫莫見其隙；辭共心密，敵人不知所乘」，論體之成熟，必談辯入理後。而魏晉之校練名理，正足助長論體之成熟也。

夫理之至精者，則自明之；故辭勝於理，終必受絀。此鄒衍所言：「彼天下之辯，有五勝三至，而辭至爲下」也。亦唯循理而說理，乃可定理；反之，好辯而理不至，必諸多牽引，以繁辭相亂，終迷大道。公孫龍子原序曰：

辯者，別殊類，使不相害；序異端，使不相亂，抒意通指，明其所謂，使人與知焉，不務相迷也。故勝者不失其所守，不勝者得其所求，若是，故辯可爲也。及至煩文以相假，飾辭以相惇，巧譬以相移，引人聲使不得及其意，如此害大道。理勝者，說事分明，朗然區別；辭不潰雜，足通微妙，所謂「理定而後辭暢」也；辭勝者，以白馬非馬，一朝服千人，終悖事本，害大道。劉邵之重理勝而鄙辭勝者，唯恐「以辭害理」也。

第二節　劉邵人物志之談辯原則與方術

壹、個性差異與持論態度之關係及其得失

夫進行談辯前，苟能把握個性差異，以總領一切，而后細節旁支，乃有所附麗，有所統攝矣。此劉邵於申述辯論問題時，先明才性之昏明，賦受之多少；與夫材能之殊塗，識理之異趣也。材理篇云：

聰能聽序，謂之名物之材；思能造端，謂之構架之材；明能見機，謂之達識之材；辭能辯意，謂之贍給之材；捷能攝失，謂之權捷之材；守能待攻，謂之持論之材；攻能奪守，謂之推徹之材；奪能易予，謂之貿說之材。

至於通材之人，則能兼此八材，以其「聰能聽序，思能造端，明能見機，辭能辯意；捷能攝失，守能待攻，攻能奪守，奪能易予」，故辭勝而理得矣。夫禀賦各異，體越各別，因在談辯上，表現亦異，而互有短長，材理篇又云：

剛略之人，不能理微，故其論大體則弘博而高遠；歷纖理則宕往而疏越。抗厲之人，不能迴撓，論

法直則括處而公正，說變通則否戾而不入。堅勁之人，好攻其事實，指機理則穎灼而徹盡，涉大道則徑露而單持。辯給之人，辭煩而意銳，推人事則精識而窮理，卽大義則恢愕而不周。浮沈之人，不能沈思，序疏數則豁達而傲博，立事要則爁炎而不定。淺解之人，不能深難，聽辯說則擬鍔而愉悅，審精理則掉轉而無根。寬恕之人，不能速捷，論仁義則弘詳而長雅，趨時務則遲緩而不及。溫柔之人，力不休强，味道理則順適而和暢，擬疑難則濡輭而不盡。好奇之人，橫逸而求異，造權譎則倜儻而瓌壯，案清道則詭常而恢迂。此所謂性有九偏，各從其心之所可以爲理。

情有所偏，各從其心之所可以爲理，乃有所蔽矣。夫剛略者，用意粗疏，意不玄微，何以歷纖理？抗厲者，用意猛奮，志不旋屈，何以說變通？堅勁者，用意端確，言不虛徐，何以涉大道？辯給者，用意疾急，志不退挫，何以卽大義？浮沈者，用意虛廓，志不淵密，何以立事要？淺解者，用意淺脫，思不深熟，何以審精理？寬恕者，用意徐緩，思不疾速，何以趨時務？溫柔者，用意溫潤，志不美悅，何以擬疑難？好奇者，用意奇特，志不同物，何以案清道？上列諸人，皆由性之犯明，情之勝明，故「善有所章，理有所失」也！至若性不精暢，則似是而非，表現於談說之際，而有七似之流。材理篇云：

有漫談陳說，似有流行者；有理少多端，似若博意者；有迴說合意，似若讚解者；有處後持長，從衆所安，似能聽斷者；有避難不應，似若有餘，而實不知者；有慕通口解，似悅而不懌者；有因勝情失，窮而稱妙，跌則掎蹠，實求兩解，似理不可屈者，凡此七似，衆人之所惑也。

因之性情之貞明，故難掩理性之疏。觀辭察應，焉可不先辨別僞似之說耶？又人之才質不同，識理有別，才質與理性，貴在統一與配合。才質須待理性而章，理性須待才質而行，必質與理合，而有其明，明足見理，理足成家。質性之影響持論，不亦明乎？

貳、談辯之意義與目的——立義定理

夫論辯之意義在建事立義，其目的在定理，而非肆無稽之口說也。墨子小取篇云：

> 夫辯也者，將以明是非之分，審治亂之紀，明同異之處，察名實之理，處利害，決嫌疑。

荀子非相篇亦云：

> 君子必辯，而君子辯言仁也。言而非仁之中也，則其言不若其默也，其辯不若其訥也。言而仁之中也，則好言者上矣，不好言者下也。

仁之所在，君子必辯；爲闡明是非，端正名實，而有不得不辯者。是孟子欲正人心、息邪說、距詖行、放淫辭，以承聖人之道而勇於爲辯也。劉邵自覺辯論之意義，本在發現或擁護眞理，則雖發言盈庭，必以眞理爲權衡。所謂「建事立業，莫不須理而定」（材理篇），故凡有益於理者爲之，無益於理者舍之，理既爲辯本，則「善難者，務釋事本；不善難者，舍本而理末。」舍本而理末，必求辭勝，辭勝者，利口巧奪，但取一坐之勝，而不論是非之性，不識曲直之理，是以能屈人之口，而不能服人之心，如此最害大道。故劉邵云：

> 夫辯有理勝，有辭勝。理勝者，正白黑以廣論，釋微妙而通之。辭勝者，破正理以求異，求異則正失矣。

理勝者能服人心，辭勝者僅能屈人之口。是「言以釋理，理爲言本」（註七），理爲本、辭爲末，故辯而得理則止。若徒逐言好辯，並以煩辭相文，如是則理失而事違矣。劉劭云：「善言出己，理足則止。」既以通理，何務煩辭？既已得道，何必貪勝？此亦荀子所言：「名足以指實，言辭足以見極，則舍之矣」。得意忘象，得魚忘筌；言辭既僅爲「釋事本」之工具，何可拘執耶？

前言「理爲辯本」，則辯論之勝負應以是非爲準，理是者必可制勝，理失者必敗。勝負與是非兩相一致。此墨子經上所云：

辯，爭彼也。辯勝，當也。

經下又云：

謂辯無勝，必不當，說在辯。

若俱無勝，是不辯也。故辯或謂之是，或謂之非，當者勝也。蓋理之至精必自明，則凡人言語，理到不可不伏。果能辭理交至，使對方理屈辭窮，則此辯誠勝矣，且又得理。然若對方不恤是非，强辯以求勝，若鄭人之爭年，以後息爲勝者，則勝者未必是，負者未必非矣。君子之辯，但求定理，而不務貪勝求名，故態度須端莊委婉，論事須循邏輯理路，不雜感情之私，不逞一時之快，以「理」爲百慮之筌蹄、萬事之權衡，此豈辭辯而無統者所能與哉？

然談而定理實難，夫何故哉？人物志材理篇云：「蓋理多品而人材異也。夫理多品則難通，人材異則情詭；情詭難通，則理失而事違也。」良由人情舛駁，事有萬端，情詭理多，何由定之？劉劭指出定理爲難之癥結有二：一爲人材異，一爲理多品。人才異，指偏蔽之情也。理多品，指道、義、事、情之各有部也。囿於此二層，則難湊泊理源所歸之理矣。

荀子解蔽篇云：「凡人之患，蔽於一曲，而闇於大理。」或以「數爲蔽、欲爲蔽、惡爲蔽、始爲蔽、終爲蔽、遠爲蔽、近爲蔽、博爲蔽、淺爲蔽、古爲蔽、今爲蔽」，凡萬物之異者，莫不相爲蔽，思想一有囿蔽，則如面牆而立，未得其全矣，此皆緣於稟賦之偏缺，材能之殊塗，明有不周，以是各持一理以相攻伐，其終仍難得是非之平。莊子齊物論云：

即使我與若辯矣，若勝我，我不若勝，若果是也，我果非也邪？我勝若，若不吾勝，我果是也，而果非也邪？其或是也，其或非也邪？其俱是也，其俱非也邪？我與若不能相知也，則人固受其黮闇，吾誰使正之？使同乎若者正之，既與若同矣，惡能正之？使同乎我者正之，既同乎我矣，惡能正之？使異乎我與若者正之，則異乎我與若矣，惡能正之？使同乎我與若者正之，既同乎我與若矣，惡能正之？然則我與若與人俱不能相知也，而待彼也邪（註八）？

辯論之勝負，與是非既不能一致，故是者可能敗而非者反獲勝，則其勝其敗，皆未必爲眞是眞非矣。即若裁斷者之意見，或同乎我，或同乎彼；或同乎我與彼，或異乎我與彼，皆未足以正之。是理無定準，言有歧義，一落言詮，則易迷失，故定理實難也。

魏晉談辯，主客異勢，各標一理，崇其所善，研精名理，以鋒穎精密之字句，述說己理，此稱爲「談端」；爲堅立己理，加強論點，多援古以證今，此即「談證」也。談論既開，各挾利器以相伐，及至勝負難分，或格而不相通，造成僵局之時，偶有第三者，爲之排解。世說注引荀粲別傳曰：

粲太和初到京邑，與傅嘏談。嘏善名理，而粲尚玄遠，宗致雖同，倉卒時或格而不相得意，裴徽通彼我之懷，爲二家釋。頃之，粲與嘏善。

及至一方無法繼續時，乃結束此談論。以其特尙技巧，漸失理論之探討，故論難所得之勝理，僅可稱爲「最勝義」，其流爲支蔓空虛而乏新義可知。必至佛教普遍，高僧參與談辯，乃復注重於「理」。

劉邵又首先依「理」之不同，劃分爲四種學問，此乃先秦典籍所未有者。人物志材理篇云：

> 若夫天地氣化，盈虛損益，道之理也。法制正事，事之理也。禮教宜適，義之理也。人情樞機，情之理也。

又云：

> 四種不同，其於才也，須明而章，明待質而行。是故質於理合，合而有明；明足見理，理足成家。是故質性平淡，思心玄微，能通自然，道理之家也。質性警徹，權略機捷，能理煩速，事理之家也。質性和平，能論禮教，辯其得失，義理之家也。質性機解，推情原意，能適其變，情理之家也。

人之才性不同，故其燭理之機亦異，及表現爲明而識理，因不能兼備於一身。劉邵所言之理，據牟宗三先生云：

> 道理是屬於形上學之理；事理是屬於政治社會之理；義理是屬於禮樂教化之理；情理是屬於人情屈伸，進退幾微之理。此皆與生活密切相連之具體之理。至於純形式之名數之理及科學之外延之理，則未能及。

其意以爲四理之分，實未能盡「理之全義」，故廣爲六理：一爲名理，此屬于邏輯，廣之則可該括數學：二爲物理，此屬於經驗科學，或自然或社會。三爲玄理，正屬于道家。四爲空理，此屬于佛家。五爲性理，此屬于儒家。六爲事理（亦攝情理），此屬于政治哲學與歷史哲學。牟氏所言乃據唐君毅先生「

理之六義」說而微異者。他若程兆熊先生則以爲道之理爲形上之理，事之理爲形而下之理，義之理則爲道德與宗教之實踐之理，情之理則指藝術之美之原理原則，以其未提及物理與名理，愈顯其爲一樸素之人學。程氏更云：「然此亦非離物理以言道理，離名理以言事理，惟不坎陷於物，以言物理；不事抽象，以言名理耳！以此之故，祇言道理，而物理即在其中；只言事理，而名理亦在其內。」程氏此論，特能入其中，觀其底蘊也。按劉卲所識之理，仍代表漢魏之交，較尚實際之意；及魏晉清談所究者，已爲道、事、義、情之本然之理矣。

易繫辭傳下云：「天下同歸而殊塗，一致而百慮」，人性旣曲屈而偏宕，今各從其心之所可以爲理，其非放諸四海皆準之至理甚明。亦唯有兼具群材之人，乃能通於天下之理，而后至理乃定，理定而后可推類辨物矣。

叁、談辯之態度—辯而不爭

荀子不苟篇云：「君子辯而不爭」，又云：「有爭氣者，勿與辯也。」辯說之目的，旣在明是非，知曲直，以求定理，非苟言苟辯也。故論辯之態度，必莊重嚴肅，不可意存侮慢，倘措意爭勝，甚或動以意氣，轉爲人身攻擊，則眞理勢且愈辯愈晦，愈辯愈鄙，焉能定理哉？故劉卲提出辯論之態度云：

與通人言，則同解而心喩；與眾人言，則察色而順性。雖明包眾理，不以尙人；聰叡資給，不以先人；善言出己，理足則止；鄙誤在人，過而不迫。寫人之所懷，扶人之所能，不以事類犯人之所婟，不以言例及己之所長；說直說變，無所畏惡，采蟲聲之善音，贊愚人之偶得。奪與有宜，去就不留；方其盛氣，折謝不悋；方其勝難，勝而不矜，必心平志諭，無適無莫，期於得道而已矣。是可與論經世而理物矣。

凡人皆非全智全能，即若聖賢亦不免千慮一失之時，由先天之限制，各人之思想未必眞能透徹，各人之認識未必盡能眞切，觀道一隅，終闇大理。苟不能自覺其失，以贊人之偶得，而一意求勝，終且爲成見所蔽，其與至理背道而馳亦明矣。荀子解蔽篇云：「夫道者，體常而盡變，一隅不足以擧之，曲知之人，觀於道之一隅，而未之能識也。」以是，徒以一察爲方，治怪說、玩琦辭，刻意立異以求勝者，適値破正理耳！荀子性惡篇又云：

不恤是非，不論曲直，以期勝人爲意，是役夫之知也……不恤是非不然之情，以期勝人爲意，是下勇也。

前言勝負不一定能反映是非，亦即是非不一定能專靠辯論上之勝負作決定，故勝者未可因勝而自驕，負者亦不必因負而自餒。尊重他人之意見，扶贊他人之所能；恒懷謙下，不以先人。見人過跌，輒當歷避，雖指而不逼；已有所長，亦不自矜，必委之至當。不以人廢言，不吹毛求疵，循理途以論理，賴淸明之智慧以斷事。此荀子所言：「談說之術，矜莊以莅之，端誠以處之。」必如是而后無意氣之爭，眞理亦得以漸露曙光。反之，意氣爭勝，不恤是非，揭發人之隱私，陵犯人之所媿，則歸於爭，爭而不讓，則入於鄙，人物志釋爭篇云：

敵難既構，則是非之理，必溷而難明，溷而難明，則其與自毀，何以異哉？

夫學無止境，談論亦然，因當平心靜氣，付是非於道理。曠然無懷，期於得道。然後世務自經，萬物自理矣，是談何容易，苟有不善，成其恥累，焉可不愼哉？

肆、談辯方術

夫論難技巧之研求，實爲勝負之關鍵。劉卲亦善於清談，自必長於談辯之方術，且談辯之目的在使他人之從我，以導入正理，則「引導」之術，焉可不講求乎？此人物志材理篇於談辯之技巧多所闡述之故也。其言曰：

> 故善接論者，度所長而論之，歷之不動則不說也，傍無聽達則不難也。不善難者，說之以雜反，說之以雜反，則不入矣。

又云：

> 善喩者，以一言明數事，不善喩者，百言不明一意。百言不明一意，則不聽也。

夫人情同則相解，反則相非，說以雜反，則如以方納圓，知其鉏鋙不入矣，故於談辯之初，善於推情，先順其旨，因其能，以示其同，使之情通意親以從我。更舉譬以明之，或以顯見幽，或以淺表深，使其心嚮往之，而漸導入理途，必如是，而后談說有所從矣。此說同以入之，廣喩以明之，令其從我之理，與鬼谷子「捭闔」之術略同。案捭者，撥動也；闔者，閉藏也。凡與人言，或撥動之，令有言，示其同也。或閉藏之，令自言，示其異也。是捭以開之，誘發對方之言，使其盡情傾吐；其於對方所不可意之言，則緘默不置可否，以聽其心曲，此用闔以閉之也。其有好者，學而順之；有惡者，避而諱之，審其意，知其好惡，使之意轉而從我，彼既從我，更縱飛箝之辭，令不得脫。所謂「信而後諫，雖觸龍鱗而無害」者卽此也。材理篇云：

善難者，務釋事本；不善難者，舍本而理末，舍本而理末，則辭構矣。

又云：

善攻强者，下其盛銳，扶其本指，以漸攻之；不善攻强者，引其誤辭，以挫其銳意，挫其銳意，則氣構矣。善躡失者，指其所跌；不善躡失者，因屈而抵其性，因屈而抵其性，則怨構矣。

此乃進行談辯時，設身處地，先爲論敵立數義，然後逐一破之。所謂「願借子之難，以立鑒識之域」也。蓋談辯在求定理，非騁白馬之劇談也，故未可捨對方之旨，而別生枝節。果離本旨，則南轅北轍，徒亂人意，效果旣已無，何由定理哉？材理篇又云：

夫盛難之時，其誤難迫，故善難者，徵之使還；不善難者，淩而激之，雖欲顧藉，其勢無由；其勢無由，則妄構矣。

旣樂盡人之辭，善致人之志，故彼有缺失，亦暫指不逼。及有忤意，始氣必盛，必避其盛氣，以俟其氣折意還時，乃補苴罅漏，扶其本指而漸攻之。孫子軍爭篇云：「故善用兵者，避其銳氣，擊其惰氣。」避銳氣，所以免忿爭也。擊惰氣，所以乘其隙以攻之也。於論辯之際，能不構其辭，不構其氣，不構其怨，不構其妄，而使對方心服口服，且得其所求，以進窺理境，是辯可爲也。

又善說者，必俟其專志而後說，且說時必務求簡潔明白。材理篇云：

「或常所思求，久乃得之，倉卒諭人，人不速知，則以爲難諭，以爲難諭，則忿構矣。

又云：

凡人心有所思，則耳且不能聽；是故並思俱說，競相制止，欲人之聽己，人亦以爲方思之故，不了己意，則以爲不解，人情莫不諱不解，諱不解則怒構矣。

夫聽者之注意力不周不精時，常造成誤聽或偏聽，以是誤解或曲解原義，甚且造成兇怒忿肆。故諭人不求對方之速知，必俟其研味再三，徹底明白時乃說之，未可倉卒行事也。且人之心不可二用，並思俱說，競相制止，則雖說而未入，未入而求其解，殆猶緣木而求魚也！

劉卲又提出論難時，須能聽序、造端、見機、辯意、攝失、待攻、奪守、易予、堅固攻守之戰略，發揮戰鬥之精神，以破他立我，其對技巧之鍛鍊，講之精矣，而由之亦可測知斯時論辯之盛也。黃侃先生於「漢唐玄學論」一文中云：「東京諸賢，識雖未遠，而持論必辯，指事必切。夫持論辯則無膚理，指事切則無游詞，膚理游詞既去，而後可言玄理……此潦水已盡，寒潭將清，浮雲欲消，白日回耀已！」其或敍理成論，莫不師心獨見，鋒穎精密，「彌縫莫見其隙，敵人不知所乘」，論體至此最爲成熟，最爲蓬勃，此不可不注意及之者。

【附　註】

註一：後漢書卷九十八郭林宗傳。

註二：後漢書符融傳注。

註三：郭泰傳言林宗謂門人曰：「二人（指謝甄、邊讓）英才有餘，而並不入道，惜乎」。

註四：世語。

註五：劉廙傳注。

註六：後漢書孔融傳載曹操與孔融書云：「孤爲人臣，進不能風化海內，退不能建德和人，然撫養戰士，殺身爲國，破浮華交會之徒，計有餘矣」。

註七：劉晝新論審名篇。

註八：莊子以外在相對性知識產生之原因有(一)由於知見主體之局限(二)認知對象之多變性(三)語言功能之局限等。

第六章　人倫識鑒對文學批評之影響

魏晉文學理論之發達，其所持之論，則頗受東漢以來人物評論之影響而然也。其時文學之品藻，除轉用人物品藻之名詞外，更由人物形相之美趣，促發文體之自覺。錢穆先生云：

此時代因喜品評人物，遂連帶及於品評詩文。故讀此一時代之文學，即可窺測此一時代之人物，而讀此一時代之文學批評，亦可窺此一時代之人物標準與人生理想（註一）。

今尋流照源，不得不承認文學評論乃由人物評論轉向、洗練而來。蓋東漢末季，多傾向人物優劣之論：並舉二人以上，就其特性，互相對照，較其優劣，且批評之。若林宗之評袁閎與黃憲曰：

奉高之器，譬諸汎濫，雖清而易挹；叔度汪汪若千頃波，澄之不清，淆之不濁，不可量也（註二）。

又御覽所引姚信士緯一則：

汝南陳仲舉，體氣高烈，有王臣之節。潁川李元禮，忠平正直，有社稷之能。海內論二士，有議而未決。陳留蔡伯喈云：「仲舉强於犯上，元禮長於接下。犯上爲難，接下爲易。仲舉爲先，元禮後矣。」天下於是爲定。

他如曹植有「漢二祖優劣論」，比時事之難易，較二祖之優劣。一時若孔融有「周武王漢高祖論」、「周成漢昭論」；曹丕、丁儀亦各有「周成漢昭論」等（註三），同性質之著作甚夥。而與人物優劣論同時興起者尚有「地域優劣論」，以相鄰兩地，比其環境，較其人物性行，以定其優劣。若孔融、陳群之汝潁優劣論等，皆憑一己之印象，作主觀之評斷，尚屬自由議論。而斯時人物評論之觀點，或由才學，或由德節，或由志識，或由理氣；然「清雅」、「風韻」、「眞神」已漸被目爲高格矣，此皆成爲異日衡文所資之標準。由此人物優劣之評論轉爲作家作品之優劣評論，本極自然而顯明。而作家優劣論、作品優劣論正是文學評論誕生之所由也。書鈔一百引典論論文云：

或問「屈原、相如之賦孰愈？」曰：「優游案衍，屈原之尚也。窮侈極妙，相如之長也。然原據託譬喻，其意周旋，綽有餘度矣。長卿、子雲，意未能及已」。

由曹氏兄弟之尚論人才優劣、文章短長，所開啓之中國最初文論形式，若溯其發生之經路，實發源於郭泰、許邵之人物評論也。此二者之性質雖有不同，而轉移之迹，實可覘之。今觀曹氏論文之形式，必首論作家，然後始略及文體及文學理論。則建安批評文學之興起，實由月旦人物精神，應用到文學上之成果也。文心雕龍序志篇云：

詳觀近代之論文者多矣。至於魏文述典，陳思序書，應瑒文論，陸機文賦，仲洽流別，宏範翰林，各照隅隙，鮮觀衢路。或臧否當時之才，或銓品前修之文，或汎舉雅俗之旨，或撮題篇章之意。

從「或臧否當時之才，或銓品前修之文」二句，以人物論與文章論對舉，知二者乃同時進行。又梁簡文帝與湘東王書云：

辨滋清濁，使如涇渭；論茲月旦，類彼汝南；朱丹既定，雌黃有別。

批評時文，類如汝南月旦之評品第，則二者之關係，實甚微妙。故郭氏紹虞云：

漢季臧否人物之風氣甚盛，故多淸議式之諺語，如「萬事不理問伯始，天下中庸有胡公」等等。而汝南月旦，尤爲一時美談。故劉卲得本之以成人物志，傅嘏鍾會得本之以論才性同異，而在丕植，則不過應用此觀念以論文學而已（中國文學批評史）。

夫文之作也，繫乎其人，故性稟不同，緣性氣之殊而所爲之文亦異焉。文心雕龍體性篇云：

夫情動而言行，理發而文見，蓋沿隱以至顯，因內而符外者也。然才有庸儁，氣有剛柔，學有淺深，習有雅鄭，並情性所鑠，陶染所凝，是以筆區雲譎，文苑波詭者矣。

由此乃有「文如其人」之說。文心雕龍體性篇又云：

賈生俊發，故文潔而體淸；長卿傲誕，故理侈而辭溢；子雲沈寂，故志隱而味深；子政簡易，故趣昭而事博；孟堅雅懿，故裁密而思靡；平子淹通，故慮周而藻密；仲宣躁銳，故穎出而才果；公幹氣褊，故言壯而情駭；嗣宗俶儻，故響逸而調遠；叔夜儁俠，故興高而采烈；安仁輕敏，故鋒發而韻流；士衡矜重，故情繁而辭隱；觸類以推，表裡必符，豈非自然之恒資，才氣之大略哉？

人稟陰陽以立性，故有「覃思、駿發」（註四）之異質。沿剛柔之質而所爲之文，乃有「尚文尚質」、「尚繁尚簡」之殊。此卽文論中「文質」「繁簡」問題之根據也，是「文本辭繁，辯始給口」（人物志七繆篇）皆早有端緒也。夫文所以致其情也。故覽其文則喻其情，體其情而知其文。振葉循根，並類此也。故聖賢銓材之所宜，於文有淺深之差。人與文既息息相關，固可爲評人轉向評文之契機。然由文亦可想見其人，此孟子所云：「詖詞知其所蔽，淫詞知其所陷，邪詞知其所離，遁詞知其所窮」也。蓋「吐納英華，莫非情性」（文心體性篇），由言辭文章足以識鑒其人。此卽劉勰文心雕龍知音篇所云：「綴文者情動而辭發，觀文者披文以入情，沿波討源，雖幽必顯。世遠莫見其面，覘文輒見其心。豈成篇之足深，患識照之自淺耳。夫志在山水，琴表其情，況形之筆端，理將焉匿。故心之照理，譬目之照形，目瞭則形無不分，心敏則理無不達」也。文爲心畫，覘文觀人，且文學之成就亦可爲人才條件之一端。因而又引發文論中之「文行問題」，爲探討文、行之合離，家家異說；德、言之因果關係，人人異辭。先是曹操求賢詔曰：「今夫有行之士，未必能進取；進取之士，未必能有行也。」夫才行不相掩之論既發，而后有曹丕「觀古今文人，類不護細行，鮮能以名節自立」之「文行不符」說生焉。追溯上列二端──「文如其人」與「文行問題」之發啓，實肇自人物識鑒上判質之純雜諸問題也。

夫人物才性之分析愈精微，個人之特徵愈益顯露，爰就所近，歸納爲不同類型；復因同以見異，自異以見同，以成原理原則，做爲知人之戶牖。文學理論之成立亦然，曹丕典論論文云：「夫文本同而末異，蓋奏議宜雅，書論宜理，銘誄尚實，詩賦欲麗。」所謂本同者，指氣也、情性也，爲文學之最高原理。而所謂之「雅」、「理」、「實」，「麗」亦文體之理論化，窮其本質者也，其理既同，故轉變乃屬可能。是曹丕於政治上立九品官人之法，隋志又載丕作士操（丕父操，父諱，或當爲士品），以品評人物，而在文學上，則于建安七子之文，時加批評，則人品與詩文品實相輔相成。先以人爲對象，次以人之文章風格爲對象，其終則直接品評作品本身。夫「品」者，爲品第流品之意也。若鍾嶸詩品，沿月旦之習，崇品第之先；又謝赫之有畫品，庾肩吾之有書品等，皆憑個人之美感鑑賞，是猶可見人倫識鑒之流風餘韻焉。文心雕龍知音篇云：

是以將閱文情，先標六觀：一觀位體，二觀置辭，三觀通變，四觀奇正，五觀事義，六觀宮商，斯術既形，則優劣見矣。

證以附會篇所言：「必以情志為神明，事義為骨髓，辭旨為肌膚，宮商為聲氣。」則知其由鑑賞之批評入手，漸至判斷之批評也。此又與人物志以九質之徵（質性、形體、聲色、情狀、儀容、神精）觀人及以八觀（觀奪救、感變、志質、所由、愛敬、情機、所短、聰明）知人之理同也，故觀文情之說，蓋沿觀人之理而來也。

又文論之產生，有賴純文學之獨特價值之覺醒，而純文學獨特價值之覺醒，實本之東漢以來士大夫內心之自覺。蓋東京以降，訖乎建安黃初，文章繁矣，因各體俱備，性質分明，由辨體以見氣，更轉出神韻，此鑑賞評品之所出也。況「魏武以相王之尊，雅愛詩章，文帝以副君之重，妙善辭賦，陳思以公子之豪，下筆琳瑯，並體貌英逸，故俊才雲蒸」（註五），天下群英，齊集洛都，吟咏風會，觀摩切磋，理論化之趨向愈顯，批評之須求愈切，所謂「文成而法立」也。錢穆先生云：

文苑立傳，事始東京，至是乃有所謂文人者出現，有文人，斯有文人之文，文人之文之特徵，在其無意於施用。其至者，則僅以個人自我為中心，以日常生活為題材，抒寫性靈，歌唱情感，不復以世用攖懷，是惟莊周氏所謂無用之用。荀子譏之，謂知有天而不知有人者，庶幾近之。循此乃有所謂純文學（註六）。

是純文學之獨特價值覺醒，乃能訴諸纖細之感性之鑑賞，而由鑑賞玩味中，以轉出神理趣味。此理與看相之由外在形貌觀心所蘊，以得神精之意義實同。

魏晉文學批評盛行才氣說，實與人倫識鑒重才性之風密合也。曹丕典論論文云：

文以氣爲主，氣之淸濁有體，不可力强而致。譬諸音樂，曲度雖均，節奏同檢，至於引氣不齊，巧拙有素，雖在父兄，不能以移子弟。

此「文以氣爲主」之「文」，實指「文體」言，則「文以氣爲主」，當言文章之體貌，乃由綴文者之才質所決定也。文體既爲才性之直接表現，故文體決定於才性。是以文體之不同，實由作者個性之異。良以個性自身有不同之形體、體貌，故文體隨之萬殊。按文體之體，即是形體，即是形相，亦稱體裁也。由體裁可昇華爲體要、體貌。必至體貌，始可見作者之性情。是體貌爲文體觀念之骨幹，亦爲思想感情客觀化之結晶。徐復觀先生於「文心雕龍之文體論」一文中云：

另一誘發文體自覺之重大因素，恐怕是來自東漢以來對人物之品鑑。其意以爲人之形相美，乃由形相與形相昇華後之神味，直接連在一起所形成者；而文學之形相，則主要表現在昇華作用後之神味上，其可以用感官去具體認識之甚份甚寡。以是由人活潑形相而來之名詞觀念，轉用爲文學之鑒賞批評，則正接上文學形相之特性，此乃文學之品藻，幾全轉用人物品藻之名詞與觀念之故也。若附會篇所云：「必以情志爲神明，事義爲骨髓，辭采爲肌膚，宮商爲聲氣。」皆以人體形相之美，而引起文學形相美之自覺也。

良以人之氣性既殊，緣氣性之別，而文章乃各有獨特之風格。劉勰用人物志分析情性、氣質、表徵之方法，以論述情性氣質之表現於文學之徵象。故就剛柔强弱之氣而言，氣即情性，或稱個性；表現於文章，則爲「風趣」之剛柔或「韻略」之宏促。此體性篇所云：「才有庸儁，氣有剛柔，辭理庸儁，莫能翻其才；風趣剛柔，寧或改其氣。」是以作家因內在精神之差別，致使作品表現其相異之風格，故作品風格因作者個性而差異，如人之面貌，各有差別也。文之風格與人之才性關係，既如此密切，則評文須兼及其人，乃能得其眞。

前云人異而才性亦異，體異而風格亦異，而文非一體，鮮能備善，故能之者偏也。於是乃有利病可摭，美惡可言，而品評以起。典論論文云：

王粲長於辭賦，徐幹時有齊氣……琳瑀之章表書記，今之儁也。應瑒和而不壯，劉楨壯而不密，孔融體氣高妙，有過人者，然不能持論。

良以才性有偏，各以勝體爲質，因有得失。而人性闇於自見，故各以所長，相輕所短，而陷於「文人相輕」之陋習，此乃性分之影響欣賞也。故文心雕龍知音篇云：

夫篇章雜沓，質文交加，知多偏好，人莫圓該。慷慨者逆聲而擊節，醞籍者見密而高蹈，浮慧者觀綺而躍心，愛奇者聞詭而驚聽，會己則嗟諷，異我則沮棄，各執一偶之解，欲擬萬端之變，所謂東向而望，不見西牆也。

「惟通才能備其體」，其批評乃得無誤。常人皆擅一體之美，但識同體之善，鮮知異體之美，及至譽同體，毀對反，著己是而證彼非，此相輕之由，皆人性之偏蔽也，故君子當審己以度人。上述於文學之認識，實緣人性之了解而來也，亦劉卲人物志接識、八觀、七繆等諸篇之所論也。

猶有一端，即人物評論，除重容貌外，甚重談論。容貌與談論，既爲人倫鑒識之重要表徵，宜乎漢晉之際士大夫講求之也。魏志武帝紀引張璠漢紀載鄭泰說董卓云：

孔公緒能淸談高論，噓枯吹生。

又如蔡邕之稱邊讓「口辯辭長，若處狐疑之論，定嫌審之分，經典交至，檢括參合」；孔融之「高談教令，盈溢官曹，辭氣溫雅，可玩而誦」等，此種辭淸語妙，隨時抑揚之談論，足以使人「連日達夜」、「捧手歎息」者，其必兼顧內容與形式可知也。則斯時言論除注重音制之美外，更力求精密無瑕。此種美音制之談論，與論難合流，往返折衝，貴在破他立我，而產生結構精密之名理論文，若漢魏之際延篤與丁儀有刑禮論、曹植之仁孝論、朱穆有崇厚絕交論、劉梁有破群論、和同論，皆舍事象而言原理，已開論文之先河（註七）。劉邵人物志正足代表識鑒原理之作，由其材理篇之精研論難辯理，可窺彼時「論」之一斑。洵由崇尚談論之激盪，漸趨逞辯，又以口辯辭長，篇章雜沓，導至結構精密之論體，得以蓬勃發展，而文學評論亦在論體成熟時建立，其轉進之經路，不亦明乎？

又文心雕龍附會篇云：「夫音律所始，本於人聲也。聲含宮商，肇自血氣」，賴著氣之通貫舒發，使人聲之宮商，成爲作品之宮商，人物志九徵篇云：「夫氣合成聲，聲應律呂，有和平之聲，有清暢之聲，有回衍之聲。」人之心氣不同，發聲亦異，故有淸而亮之律，和而平之呂。稟氣有陰陽，故聲有律呂、宮商，所謂「宮商與二儀俱生也」（詩品序），故文評上之文氣說與聲律論，乃建立於氣性之剛柔與斯時談辭之崇尚「美音制」也。

前言清議之轉向，漸捨具體事象而求抽象之原理。至郭林宗、許子將之批評人物，則已留意於神味，而正式提出觀察精神爲鑒識之最高原則者，當推劉邵。人物志九徵篇云：

夫色見於貌，所謂徵神，徵神見貌，則情發於目。

又云：

物生有形，形有神精；能知精神，則窮理盡性。夫具體之事象，可道者也，有言有名者也。至若神理妙用，在乎意會，所謂「瞻形得神，存乎其人，不可力為」，是神鑒祇能意會，不能言宣。純文學之鑑賞，亦重在神遇，即鑑賞者與作者之精神交通默契，合而為一；於「冥冥之中，獨見曉焉；無聲之中，獨聞和焉」，神之又神，以盡其妙，由茲相應而有「言不盡意」之說。故歐陽建云：「世之論者以為言不盡意，由來尚矣，至乎通才達識，咸以為然。若夫蔣公之論眸子，鍾傳之言才性，莫不引此為證」（註八），可知言不盡意說，實始乎人物識鑒也。蓋神理神鑒，其妙祇可意會，實難以言傳也。

綜上諸端，可知中國文評之特色在以文擬人，兼顧形神、文質，此特色之建立，溯其源流，固由漢魏以來人倫識鑒之轉化也。則人物品藻之影響於文學批評，昭然若揭矣。

【附　註】

註一：錢穆先生「略論魏晉南北朝學術文化與當時門第之關係」。

註二：後漢書黃憲傳。

註三：藝文類聚十二。

註四：人物志九徵篇云：「故明白之士，達動之機，而暗於玄慮；玄慮之人，識靜之原，而困於速捷。」文心神思篇據之而論作者有駿發、覃思二型，其言曰：「駿發之士，心總要術，敏在慮前，應機立斷；覃思之人，情饒岐路，鑒在疑後，研慮方定」。

註五：文心時序篇。

註六：錢穆先生「讀文選」

註七：李源澄「漢魏兩晉之論師及其名論」。

註八：藝文類聚卷十九引歐陽建言盡意論。

結論

綜前所述，知人物志固中國人物學之唯一寶典也。其辨性質，甄材品，皆入其中，嚐其甘苦，故能以刻深之語，剖刻深之情。豈旁觀事後之論人耶？後世欲辨官序材，惡可不知之乎？今首論其精要處，約可得下列諸端：

(一) 洞悉顯與隱

夫性發於內，情導於外，而形色隨之。故情性者，人物之本也。劉孔才之觀人，由外見之符，以驗內藏之器，觀情索性，尋流照原，其十二篇所論，窮思極微，出入情性。推原度量、體形、品目，隱顯悉舉，使善惡之迹剖判，賢不肖殊途，若妍媸之對鑒，毫髮莫遁焉。

是知人之哲，必洞悉顯隱。唯隱顯相符，而后眞人品可知；依似間雜，乃不得容其私焉。此爲人性之通徹，唯通徹而后材品可序，職任可程。或以炤己，或以軌物，章往察來，一無滯礙矣。

(二) 兼顧鑑與任

知人善任，自古稱難。唯歷代開國創業者，莫不收效於知人善任也。劉邵人物志之主旨，即在辨別人性與才能，提示知人官人之術。夫知人之目的在乎任使，而任使之先決條件在知人，兩者相輔而行，既精於擇，又篤於任，則賢者在位，能者在職；官稱其器，人保其能矣。劉卲疾時無知人之明，又不能器使，故特詳於鑑別與任用之相互相成關係。其鑑別法，具明於八觀、七繆兩篇之中；而任使之原則，又爲流業、材能篇所精究，鑑別與任使密切配合，官人之事畢矣。

(三) 備言利與害

劉卲論人物之長短得失，明德、法、術三材及其品流在仕進中之窮達功弊等，令爲政者於權衡之際，不可不察，而求利中取大，害中取小，更慮之、愼之，以得其利而去其害。是利害之途，在乎愼擇；訓戒以戒失，乃爲政之急務。孫子云：「智者之慮，必雜於利害；雜於利，而務可伸也；雜於害，而患可解也。」法術之家，其功足以立法成治，運籌通變；及其弊也，害歸於己；權宜利害，則能遠見於未萌，避危於未形矣。

(四) 明辨權與能

夫君臣異勢異能，未可易方。苟易其方，則衆材失任，天下亂矣。劉卲於流業篇與材能篇，特明於此理。其意以爲主道君德，須聰明平淡，總達衆材，而不以事自任。故臣以自任爲能，君以用人爲能；臣以能言爲能，君以能聽爲能；臣以能行爲能，君以能賞罰爲能，臣有爲而君無爲，君有總攬之權，臣有任事之能，主道立，臣道序，則庶事咸熙矣。

由上四端，得見其完整精密，足成一家言也。故明鄭旻謂本書云：「三代而下，善評人品者，莫或能踰之矣」，今持以爲治國使人之龜鑑，其效弘矣。

以上諸長，若就政治實用目的言，立論可謂詳備矣，然尚有闕焉。蓋劉氏非能以哲學之世界觀，爲自然、社會現象之觀察，如其一本王充宿命說，以爲人生來即受生理條件所限定，才能之高低、德操之優劣，皆非後天可以移易，則教育之功能，終爲否定，而變化氣質，殆如緣木求魚耳。蓋超越之理性層面，既無法開拓，則進德之學，亦無以建立矣。是劉邵只能順才性觀人，而對偏材諸品流，頗有相應之了解，對於聖人一目，此須透過德慧、人格去體證者，則無法契悟。觀劉邵雖置聖人爲人倫之極，然其所謂之聖人，是天資純至，爲才質之最高，乃不可企及，不可學至者。然而聖人之所以爲聖，絕非才質與天資所能盡。人若能逆覺體證，復其本心之全體大用，則成聖非爲不能。而人物志順才性之品鑒，雖有可讚賞處，然開不出超越之道德境界，于人格之價值，終無以尊顯，此才性系統之偏枯也，人物志之僅能被視爲名法家之政治理論者，其故在此。

參考書目

(一)

春秋左傳正義六十卷　晉杜預集解、唐孔穎達正義

禮記正義六十卷　漢鄭玄注、唐孔穎達正義

論語注疏二十卷　魏何晏集解、宋邢昺疏

孟子注疏十四卷　漢趙岐注、宋孫奭疏

春秋繁露十七卷　漢董仲舒

韓詩外傳十卷　漢韓嬰

(二)

史記一百三十卷　晉裴駰集解、唐司馬貞索隱

後漢書一百二十卷　唐章懷太子李賢注

三國志六十五卷　宋裴松之注

三國會要　清楊晨

兩漢三國學案　清唐晏

隋書經籍志　唐長孫無忌
貞觀政要　唐吳兢
史通　唐劉知幾
文獻通考　元馬端臨
文史通義　清章學誠
日知錄　清顧炎武
四庫全書總目提要　清乾隆敕撰
書目答問補正　清張之洞答問、范希曾補正
廿五史補編　開明書店
三國新志　劉公任

(三)

尹文子　周尹文
列子集釋　楊伯峻
公孫龍子　周公孫龍
孫子十三家注　漢曹操
六韜　周呂望

鬼谷子　周鬼谷子撰梁陶宏景注

荀子二十卷　清王先謙集解

墨子閒詁　清孫星衍

韓非子集釋　陳奇猷

莊子集釋　清郭慶藩

呂氏春秋二十六卷　漢高誘注

逸周書集訓校釋　清朱右曾

新書　漢賈誼

孔叢子　陳涉博士孔鮒撰

淮南子　漢高誘注

法言義疏　汪榮寶

白虎通義　漢班固

論衡　漢王充

新論　漢桓譚

塩鐵論　漢桓寬

潛夫論　漢王符

昌言　漢仲長統

抱朴子　晉葛洪

孔子家語　魏王肅注

中論　魏徐幹

長短經　唐趙蕤

子略　宋高似孫

鄭堂讀書記　清周中孚

貞元六書　馮友蘭

中國思想通史　侯外廬

中國哲學史　勞思光

中國哲學問題史　宇同

中國古代哲學史　胡適

中國哲學原論　唐君毅

中國學術思想史論叢（三）　錢穆

荀卿學案　熊師翰叔

王充哲學　謝无量

歷史哲學　牟宗三

公孫龍子講疏　徐復觀

形名學發微　譚戒甫
名理論叢　陳大齊
魏晉清談思想初論　賀昌群
魏晉玄學論稿　湯用彤
魏晉思想論　劉大杰
魏晉清談述論　周紹賢
魏晉的自然主義　容肇祖
魏晉南北朝史論叢　唐長孺
魏晉以來之崇尚談辯及其影響　牟潤孫
魏晉史學之轉變及其特色　逯耀東
魏晉玄學中社會政治思想略論　湯用彤、任繼愈
漢末魏晉政治思想之轉變　李源澄
後漢末期の評論的氣風について　岡村繁
劉邵の人物志について　關正郎
人物志について　金子泰山
才性與玄理　牟宗三
中國知識階層史論　余英時

燕石札記　呂思勉
魏晉思想與談風　何啓民
竹林七賢研究　何啓民
中古門第論集　何啓民
中古文學史論　王瑤
三國兩晉學校教育與選士制度　楊吉仁
中國政治思想史　薩孟武
中國社會思想史　薩孟武
中國考試制度史　沈兼士
中國法制史　雷祿慶
中國法律發達史　楊鴻烈
支那文藝思想史　青木正兒
支那心理思想史　黑田亮
人格心理學　佐藤幸治
心理與人生　陳雪屏
汲古新議　成惕軒
政學私言　錢穆

文學批評之理論與實際　葛連祥
中國文學批評史　郭紹虞
魏晉六朝文學批評史　羅根澤
中古文學史　劉師培
中國文學論集　徐復觀
觀人稽古錄　何仲簫
仰止詹言　熊師翰叔
世說新語校箋　楊勇
人物志講義　程兆熊

(四)

全三國文　清嚴可均
嵇中散集　魏嵇康
漢魏叢書　明程榮本
文心雕龍註　范文瀾
文選注六十卷　唐李善注
李衛公一品集　唐李德裕